Jürgen Busche
Heldenprüfung

Jürgen Busche

Heldenprüfung

Das verweigerte Erbe
des Ersten Weltkriegs

DEUTSCHE VERLAGS-ANSTALT
MÜNCHEN

Bibliographische Information Der Deutschen Bibliothek
Die Deutsche Bibliothek verzeichnet diese Publikation in der
Deutschen Nationalbibliographie; detaillierte bibliographische Daten sind
im Internet über http://dnb.ddb.de abrufbar.

© 2004 Deutsche Verlags-Anstalt, München
Alle Rechte vorbehalten
Abdruck der Karten auf den Seiten 32, 179 und 185 mit freundlicher
Genehmigung des Militärgeschichtlichen Forschungsamtes, Potsdam
Satz und Layout: BK-Verlagsservice, München
Gesetzt aus der Minon
Druck und Bindearbeit: Clausen & Bosse, Leck
Diese Ausgabe wurde auf chlor- und säurefrei gebleichtem,
alterungsbeständigem Papier gedruckt.
Printed in Germany

ISBN 3-421-05779-6

Gewidmet Marianne Busche, geb. von Behren,
zum 31. Juli 2004

Behaupten und überzeugen Sie, daß es nur einen Weg gibt, so hört von selbst die Tendenz des Verstandes zum Schwanken auf. Sie haben einen Feind weniger, denn es bleibt nichts als natürliche Furchtsamkeit gegen große Maßregeln; Sie haben einen Alliierten mehr, die Furcht vor gewissem Untergang.

Clausewitz an Gneisenau (1808)

Inhalt

Einleitung

Am 22. September 1914 – in der achten Woche des Ersten Weltkriegs – stieß die »U 9« etwa vierzig Kilometer nordwestlich von Hoek van Holland auf die drei englischen Panzerkreuzer »Aboukir«, »Hogue« und »Cressy« und versenkte sie. Es war sechs Uhr in der Frühe, und die Sicht war klar gewesen. Mit dem ersten Torpedo hatte der Kommandant des deutschen U-Bootes, Kapitänleutnant Otto Weddigen, die »Aboukir« getroffen, das Schiff, dessen Namen an eine berühmte Seeschlacht Lord Nelsons erinnerte. Auf den anderen beiden Kreuzern glaubte man zuerst, die verheerende Explosion sei durch eine Mine verursacht worden. Man setzte Rettungsboote aus, um die Überlebenden aus dem Wasser zu holen. Als der nächste Treffer die »Hogue« zum Sinken brachte, begriffen die Engländer, daß sie es mit einem U-Boot zu tun hatten, zu spät. Als auch die »Cressy« getroffen war und innerhalb weniger Minuten unterging, stürmten zwar schon die kleineren, für die U-Boot-Bekämpfung ausgerüsteten Schiffe heran, aber sie konnten nur noch die auf der Wasseroberfläche treibenden Männer der Schiffsbesatzungen bergen, von denen viele verwundet waren. Die »U 9« hatte sich bereits unerkannt davon gemacht.

England, das britische Weltreich, die damals größte Seemacht auf den Meeren, verlor an diesem Morgen drei Schiffe mit starker Bewaffnung, je 12 000 Tonnen Wasserverdrängung und etwa achthundert Mann Besatzung, mehr als 1600 von ihnen starben. Auf der »U 9« hatte Weddigen etliche seiner Leute ans Seerohr gelassen, um sie zu Augenzeugen des Dramas werden zu lassen. »Wir können uns freuen«, soll er gesagt haben, »daß das Kriegsglück uns solche Gelegenheit gegeben hat, Seegeschichte zu machen.«

Der Jubel im Deutschen Reich über diesen Erfolg der kaiserlichen Marine nahm ungeheure Ausmaße an. Die Einfahrt des zurückkehrenden U-Boots in Wilhelmshaven glich einem Triumphzug. Als die »U 9« nach Kiel kam, war die ganze Stadt festlich geflaggt. In den Schulen fiel der Unterricht aus, statt dessen wurden auf Anordnung der Schulbehörden Feiern abgehalten. Kapitänleutnant Weddingen wurde mit dem Eisernen Kreuz Erster und Zweiter Klasse ausgezeichnet. Alle übrigen Mitglieder seiner Crew – Offiziere wie Mannschaftsdienstgrade – erhielten das Eiserne Kreuz Zweiter Klasse, drei Wochen später mußte das Boot wieder hinaus.

Am 15. Oktober, mittags, um 11.58 Uhr, versenkte Weddigen auf der Höhe von Aberdeen den englischen Kreuzer »Hawke«. Dieses Mal geriet er in Bedrängnis und mußte umsichtig den Rückzug vor den englischen Verfolgern sichern. Er nahm Kurs auf Nordwest, umfuhr Schottland und Irland und kehrte durch den Ärmelkanal nach Deutschland zurück. Kaiser Wilhelm II. verlieh ihm am 24. Oktober den Orden Pour le mérite. Seine Geburtsstadt Herford ernannte ihn zum Ehrenbürger, seine Geschwister stifteten 30 000 Mark für die Hinterbliebenen gefallener Soldaten.

Vom 18. Februar 1915 an verschärfte das Deutsche Reich den Seekrieg gegen Großbritannien. Die Inseln sollten von militärisch wichtiger Zufuhr abgeschnitten werden. Weddi-

gen bekam ein neues, größeres Boot, das schneller und besser
bewaffnet war: die »U 29«. Damit führte er erfolgreich einen
Kaperkrieg gegen Handelsschiffe. Es ist bekannt und aner-
kannt, daß er sich bemühte, die Besatzungen zu schonen. Er
hielt die Schiffe auf, ließ die Männer in die Rettungsboote
steigen und nahm sie, wo es notwendig zu sein schien, in
Schlepp, bis sie in Sicherheit waren. Die Kapitäne, soweit er
Kontakt mit ihnen bekam, behandelte er freundschaftlich,
einem trug er Grüße an »Mr. Churchill« auf.

Das ging den März über so. Aber schon am 7. April kam
vom Admiralstab die Meldung: »S. M. Unterseeboot ›U 29‹ ist
von seiner letzten Unternehmung bisher nicht zurückgekehrt. Nach einer von der britischen Admiralität ausgehenden Nachricht vom 26. März soll das Boot mit seiner ganzen
Besatzung untergegangen sein. Es muß danach als verloren
betrachtet werden.« Der Kaiser schrieb an die Witwe des
Kommandanten: »Es ist Mir gemeldet worden, daß beim
Untergang des von Ihrem Gatten geführten Unterseebootes
auch sein Orden Pour le mérite und sein Eisernes Kreuz
1. Klasse in Verlust geraten sind. Ich bestimme, daß Ihnen die
genannten Ordenszeichen als eine äußere Erinnerung an die
Taten des heldenhaft vor dem Feinde Gebliebenen hiermit
ersetzt werden und bringe Ihnen bei dieser Gelegenheit noch
ganz persönlich zum Ausdruck, wie sehr ich mit Ihnen den
herben Verlust empfinde, den Sie erlitten haben. Sie haben
Ihr Bestes für das Vaterland hergeben müssen. Möge Gottes
Trost Ihnen zur Seite stehen und es Ihnen immer gewärtig
bleiben, daß mit Ihnen das ganze Vaterland um Ihren Gatten
trauert, der unvergänglichen Rühm für sich und die Marine
erworben hat und für alle Zeiten als leuchtendes Beispiel der
Kühnheit und ruhigen Entschlußkraft weiterleben wird.«

Rund achtzig Jahre später, 1994, findet Otto Weddigen im Großen Brockhaus, 23. Band, keine Erwähnung mehr.

Wenn das Heldentum Weddigens zu Recht proklamiert wurde, dann scheint es schlecht bestellt zu sein mit der Unvergänglichkeit des davon ausgehenden Ruhms. Sollte das allein in Deutschland so sein? Sollte das in Deutschland und fast nur dort deshalb so sein, weil die nachfolgende Geschichte den Ruhm kriegerischer Taten – zumal dann, wenn sie in einem Zusammenhang des Voraufgegangenen zu dem Folgenden gesehen werden konnten – verdunkelt hat? Es gibt Helden des Ersten Weltkriegs, deren Namen auch heute noch in jedem größeren Lexikon zu finden sind. Wir wollen einige davon vorstellen. Es sind Männer, die den Krieg überlebt, die weitergelebt haben. Und einige haben dabei neue Prüfungen zu bestehen gehabt. Sind sie uns als Helden in Erinnerung?

Wer ist ein Held? Was ist ein Held?

Die deutsche Literatur bezeugt das Wort, lange bevor man sinnvoll von den Deutschen oder gar von Deutschland reden konnte. Das Gedichtfragment »Hildebrand und Hadubrand« – etwa um 800 nach Christi Geburt aufgezeichnet in einem Kloster in Fulda – nennt die beiden Kämpfer »helidos«, das ist Althochdeutsch und gibt das Wort in der Mehrzahl, denn damit werden zwei Männer benannt, Hildebrand, der Vater, und Hadubrand, sein Sohn.

Aus den Zeilen dieses Gedichts kann man zum Verständnis des Wortes nicht mehr entnehmen, als daß es sich bei diesen Männern um herausragende Kämpfer handelt: sie fechten einen Zweikampf im Angesicht ihrer Leute aus. Dafür haben oder erhalten sie private Gründe, wie sich bald zeigt. Aber sie sind auch die Führer ihrer Truppe. Ob sie das sind, weil sie zugleich unter den Ihren die besten Kämpfer sind, ob das zufällig so ist oder vielleicht auch gar nicht, wird nicht gesagt. Es bleibt im Dunkeln. Es kann gut sein, daß sie nicht die einzigen in ihren Aufgeboten sind, die es verdienen, Helden genannt zu werden. Aber es ist wahrscheinlich, daß nicht jeder von denen, die mit ihnen ziehen, Anspruch darauf erheben kann. Es liegt etwas Stolzes, Hervorhebendes in diesem Wort an dieser Stelle des Gedichts. Hildebrand wird Hadubrand töten. Der eine überlebt den Kampf nicht, der andere kann seines Sieges nicht froh sein. So sind die ersten Helden, von denen im Deutschen gesprochen wird.

Gleichviel: Mit dem Wort »Held« wird zumeist etwas Großartiges verbunden, und etwas, dem zugleich die Aura des Altertümlichen eignet. »Heldenthum«, schreibt Jacob Grimm in seiner »Deutschen Mythologie« von 1844, »darf nicht anders gesetzt werden, als in Kampf und Sieg: Held ist ein Mensch, der gegen das Böse streitend unsterbliche Taten verrichtet und zu göttlicher Ehre gelangt«. Die Griechen sprachen vom Heros, was ursprünglich einfach Kämpfer bedeutet. In den Heldensagen der Griechen und Germanen begegnen gewöhnlich jungen Menschen dem Begriff und der Person des Helden zuerst. Homer kennt Helden und besingt sie in seinen Versepen. Deutsche Helden der Frühzeit sind Siegfried, der Drachentöter und der Verursacher des Nibelungen-Untergangs, und Dietrich von Bern und einige andere.

Der Autor einer kleinen Biographie Weddigens schon vom Mai 1915, sein Namensvetter Dr. Otto Weddigen, entfernt mit ihm verwandt und Autor einer martialischen Gedichtsammlung zum deutsch-französischen Krieg von 1870/71 (»Schwertlieder«), nennt im Vorwort zu seinem Werklein denn auch den hochdekorierten U-Boot-Kommandanten den »Siegfried der Meerestiefen«.

Das mutet heute komisch an – und tat das möglicherweise auch schon vor neunzig Jahren. Aber immerhin konnte am 22. September 1915, ein Jahr nach der Ruhmestat des Kapitänleutnants Weddigen, schon die sechste Auflage des bei August Scherl in Berlin herausgekommenen Bändchens in die Buchhandlungen geschickt werden. 50 000 Mal war es bis dahin verkauft worden. Im Anhang wurden 22 Gedichte auf den »Seehelden« abgedruckt, von verschiedenen Autoren, zwei davon in niederdeutscher Mundart verfaßt.

Die Formen der Heldenverehrung mochten bisweilen töricht und lächerlich sein, die Helden waren es nicht. Dennoch erhebt sich, auch ohne daß man historisch Späteres in Betracht zieht, die Frage, wie es um dieses Heldentum bestellt war. Zur Einschätzung des Triumphs vom 22. September 1914 wurde schon damals auf andere Aspekte aufmerksam gemacht. Die Kopenhagener Zeitung »Berlinske Tidende« bemerkte: »In der Geschichte des Seekriegs wird der deutsche Sieg stehen bleiben als ein Ereignis von epochemachender Bedeutung, da die Unterseeboote hier den ersten, entscheidenden Beweis für ihren Wert erbrachten.«

Der deutsche Sieg war dem Erfolg einer neuen Waffengattung zu verdanken. Über diese verfügten die Deutschen keineswegs allein. Schon im August waren englische U-Boote vor der Deutschen Bucht beobachtet worden. Aber es war Weddigen, mit dessen Namen sich der erste spektakuläre Erfolg der Waffengattung verband. Hier allerdings stellt sich die Frage, in wie weit der Offizier, der den Erfolg herbeiführt, damit noch eine Heldentat vollbringt. Zum Sieg, so notierte es Jacob Grimm, muß der vorausgegangene Kampf kommen. Aber hatte es nordwestlich von Hoek einen Kampf gegeben? Tatsächlich hatten die Kommandanten der drei englischen

Kreuzer keine Chance gehabt, sich zu wehren. Sie waren überraschend aus dem Verborgenen angegriffen worden, und nach dem Abschuß hatte sich das U-Boot in der Unsichtbarkeit unter Wasser davon gemacht. Diese Feindberührung hatte für Weddigen und seine Leute keinerlei Risiko bedeutet. Man ist versucht, mit Schiller zu sagen: »Das war kein Heldenstück, Octavio!«

Solcher Einwand freilich muß dem Faktum begegnen, daß Weddigen, die »U 29« und ihre Besatzung ein halbes Jahr später auf Feindfahrt den Tod fanden. Man kann sagen, das Risiko für diese Soldaten war immer da, sobald sie das Boot bestiegen. Die Lage, von der aus sie am Krieg teilnahmen, war für sich schon gefährlicher als die in manch anderer Waffengattung. Und es lag wenig an Können, Entschlossenheit, Mut, ob sie bei Gefahr für ihr Schiff davon kamen oder nicht. Wenn U-Boote und U-Bootjäger miteinander kämpften, dann standen zwei Waffensysteme gegen einander im tödlichen Wettstreit, und über Sieg und Niederlage entschied die Überlegenheit des einen oder anderen Systems an dieser Stelle. Die Tugend der Tapferkeit, ohne die ein Held nicht zu denken ist, bewies der Soldat, indem er sich darauf einließ, in solchem System zu kämpfen.

Hat das dann wirklich noch etwas mit der Tapferkeit zu tun, die den Europäern in ihren alten Heldenliedern begegnet? Wie mochte sich Weddigen selbst dazu verhalten?

Seine Herkunft gibt einige Hinweise. Otto Weddigen stammt aus einer alten westfälischen Familie. Diese war seit Jahrhunderten im Mindener Raum ansässig. Die Vorfahren waren zumeist Pastoren oder Kaufleute. Ein Friedrich Florens Weddigen, dessen Bruder in Hartum Pastor war, wurde Soldat, stieg zum General auf und wurde 1735 geadelt. Ein

Peter Heinrich Weddigen war Großkaufmann in Nordhausen und hatte einen Bruder, Peter Florens Weddigen, geboren 1758, der Prediger in Kleinenbremen und darüber hinaus ein angesehener Liederdichter und Geschichtsschreiber seiner Heimat war. Vater und Großvater des Kapitänleutnants waren Kaufleute in Herford. Ihnen gehörte ortstypisch eine Leinenfabrik und eine Großspinnerei.

Otto Weddigen war das jüngste Kind der Familie. Am 15. September 1880 geboren, wurde er Ostern 1892 in die Sexta des Friedrichs-Gymnasium in Herford zugelassen. Er besuchte die Schule mit Geduld, aber ohne zu glänzen. Als er sie Ostern 1901 verließ, hatte er lediglich ein Zeugnis in der Hand, das ihn zum Besuch der Prima berechtigte. Wie Franz Hipper und Felix Graf Luckner ging auch Weddigen ohne Abitur zur See. Am 10. April 1902 wurde er als Seekadett bei der Kaiserlichen Marine eingestellt, ein Jahr später war er Fähnrich zur See, und am 29. September 1904 wurde er überraschend früh zum Leutnant zur See befördert. Ende 1908 erhielt er eine Ausbildung für den Dienst auf U-Booten, und nach einem dreimonatigen Kursus für Torpedo-Offiziere Anfang 1909 ging er am 1. April dieses Jahres zur U-Boot-Waffe, wo er als Wachoffizier begann. Im September 1910 bekam er als Oberleutnant zur See das Kommando über die »U 4«. Er war jetzt dreißig Jahre alt. Das Kommando über die »U 9« erhielt er ein Jahr später, und ein weiteres Jahr darauf, am 25. April 1912, wurde er zum Kapitänleutnant befördert. Als solcher blieb er auf der »U 9«, bis der Krieg ausbrach. Er kannte das Schiff also schon drei Jahre, als er am 22. September 1914 auf die englischen Kreuzer stieß.

Man versteht, was das Elternhaus und die eigene Laufbahn angeht, kamen Selbstvertrauen und Entschlußfreude nicht von ungefähr. Auch die Zuversicht, mit der er sich auf neue Verhältnisse und Gegebenheiten einläßt, erscheint bei solcher Herkunft und solchem Vorankommen berechtigt. Daraus mag Mut in dienstlichen Belangen, gerade auch im Krieg erwachsen. Aber Tapferkeit?

Tapferkeit ist eine der vier Kardinaltugenden. Sie ist nicht die erste. Die erste ist Klugheit. Tapferkeit ohne Klugheit ist wenig wert. Klugheit bedeutet die Begabung, Gegebenheiten und Sachverhalte richtig zu erkennen und sich in der richtigen Weise auf sie einzulassen, wo das notwendig ist. In seiner Komödie »Helden« läßt George Bernard Shaw seinen Schweizer Hauptmann Bluntschli, der sich während eines Balkan-Krieges bei den Serben als Söldner verdingt hat, auf den bulgarischen Kavallerie-Major Sergius Saranoff treffen. Letzterer hatte in einem Gefecht eine Attacke gegen die Kanone des Hauptmanns geritten. Bluntschli versucht ihm zu erklären, daß dies nicht tapfer gewesen sei, sondern verrückt: Kavallerie hat keine Chance gegen Artillerie. Die Attacke war aber erfolgreich, und Bluntschli mußte die Flucht ergreifen. Warum? Weil er die falsche Munition bekommen hatte und gar nicht schießen konnte. Davon hatte aber Saranoff keine Ahnung gehabt. Hätte er es gewußt, wäre der Angriff keine Heldentat gewesen. Da er es aber nicht wußte, war es auch keine Heldentat, sondern Wahnsinn. Er wußte nicht, worauf er sich einließ. Der Erfolg ändert an den Details des Sachverhalts nichts.

Die zweite Kardinaltugend ist die Gerechtigkeit. Der Heilige Thomas von Aquin sagt: Das Lob der Tapferkeit hängt von der Gerechtigkeit ab. Dieser Zusammenhang ergibt sich aus der Tatsache, daß Tapferkeit etwas mit Gewalttätigkeit zu tun hat; solche, die man begeht und solche, die man erleidet.

Man kann das gewaltsame Tun unterlassen und man kann dem Erleiden von Gewalt – manchmal – aus dem Weg gehen. Wie man sich verhält, daran zeigt sich Tapferkeit – je nach dem, ob die Lage, in der man sich befindet, richtig erkannt ist, und ob das Verhalten, für das man sich entscheidet, als gerecht bezeichnet werden kann.

Das zu entscheiden kann für einen Soldaten schwierig werden. Josef Pieper zitiert in seinem Traktat »Vom Sinn der Tapferkeit« den Heiligen Thomas mit den Worten »Vielleicht sind die weniger Tapferen die besseren Soldaten«. Der katholische Philosoph aus Münster in Westfalen möchte dabei das Wörtchen »vielleicht« betont wissen. Tapferkeit hat Eigenschaften zur Voraussetzung, die sich gut mit Egoismus vertragen, ihn manchmal auch fördern. Der Soldat muß dagegen auch einmal einen Auftrag erfüllen, der Unterordnung verlangt bis zum Aushalten in einer für ihn selbst aussichtslosen Lage. Deshalb kommen in der Tapferkeit des Soldaten sehr unterschiedliche Haltungen zusammen: »Einerseits nämlich, so scheint es, machen vitaler Mut, Draufgängertum und Angriffsgeist den geborenen Kämpfer. Anderseits aber ist die Hingabe des eigenen Lebens, die in der gerechten Verteidigung der Gemeinschaft gefordert werden kann, dennoch kaum erwartbar ohne die sittliche Tugend der Tapferkeit.«

Was aber, wenn die Gemeinschaft Angriff fordert und nicht Verteidigung, wenn der Angriff nicht gerecht ist und der als Verteidigung ausgegebene Angriff eine Lüge? Eine der am meisten zitierten Maximen großer Militärs lautet: Die sicherste Verteidigung ist der Angriff! Könnte es sein, daß Thomas hier das Dilemma des Tapferen in der Rolle des Soldaten sah? Darf oder kann überhaupt ein Soldat sich immerzu die Frage stellen, ob das, was er bei Gefahr des eigenen Lebens und sicherlich mit der Bereitschaft, andere zu töten, jeweils unternimmt, gerecht ist oder ungerecht? Und wann ist der richtige Zeitpunkt, daß ein Soldat sich diese Frage stellt?

In Shakespeares Drama »Heinrich der Fünfte« begibt sich der König vor der Schlacht von Agincourt in das Feldlager zu seinen Soldaten, um die Stimmung der Truppe zu erkunden. Unerkannt spricht er mit seinen Männern. »Mich dünkt«, sagt er (in der Übersetzung A. W. Schlegels), »ich könnte nirgends so zufrieden sterben, als in des Königs Gesellschaft, da seine Sache gerecht und sein Zwist ehrenvoll ist.«

Skeptisch antwortet ihm einer seiner Leute: »Das ist mehr als wir wissen.« Aber ein anderer meint sogleich: »Ja, oder mehr als wonach wir fragen dürfen, denn wir wissen genug, wenn wir wissen, daß wir des Königs Untertanen sind: wenn seine Sache schlecht ist, so reinigt unser Gehorsam gegen den König uns von aller Schuld dabei.«

Man braucht nicht daran zu zweifeln, daß die Offiziere der Kaiserlichen Kriegsmarine 1914 die Sache des Deutschen Reiches für gerecht hielten, den Krieg – zumal den Krieg gegen England – als einen aufgezwungenen erachteten, als einen Verteidigungskrieg – ganz gleich, welche Eroberungspläne damals oder später in den Köpfen einiger, auch maßgeblicher Politiker herumspukten.

Für einen protestantischen Offizier wie Otto Weddigen kam dazu die Erziehung zur Pflicht im preußischen, im Kantschen, man darf – eine Verschärfung – auch sagen: im Fichteschen Sinne. Der Offizier hatte seinen Auftrag, und hinter diesem Auftrag standen die militärische Ordnung, der Kaiser, die Nation. Da gab es, was die Gerechtigkeit der Sache betraf, nichts zu fragen.

Die vierte Kardinaltugend ist das Maßhalten. Und hier kam der U-Boot-Kommandant unzweifelhaft in neue Verhältnisse. Das mochte er noch nicht nachdenklich registrieren, das mußten aber die tun, die später – um einiges später – seine Tat zu beurteilen hatten. Mit drei Torpedos nahm Weddigen etwa 1600 Mann das Leben, innerhalb kürzester Frist. Sein unmittelbares Tun stand in keinem bis dahin vorstellbaren Verhältnis zu den Folgen seiner Tat. Für solches Mißverhältnis gibt es in der Kriegsgeschichte seither noch weitaus drastischere Beispiele. Seither ist es nicht nur verpönt, von den unmittelbaren Auslösern solcher Katastrophen in militärischem Auftrag als von Helden zu reden, es tut auch keiner mehr. Gleichgültig, ob sie nun mit ihrem Einsatz auch für ihre Person das äußerste Risiko eingehen: das Unglück, das ihnen geschehen kann, auch ihr Tod, steht in keinem Verhältnis zu dem Unglück, daß sie über andere bringen. Sie sind Teil einer gewaltigen Maschinerie, immer noch unverzichtbarer Teil, aber mehr nicht. Von Weddigen und von dem Piloten, der eine Atombombe ins Ziel bringt, wird eine gewisse Beherrschung der dazu entwickelten Technik verlangt, mehr nicht. Für einen Helden ist das zu wenig.

Es ist deshalb kein Zufall, daß der Begriff des Helden, wie er zumal im Ersten Weltkrieg geprägt wurde, zumeist mit dem Begriff der Pflichterfüllung zusammenging.

»Der Kapitän des englischen Dampfers ›Andalusian‹«, so steht es in Weddigens Biographie, »erzählte nach einem im Dagbladet weitergegebenen Bericht der Daily News über seine Begegnung mit ›U 29‹: ›Ich verließ als letzter das Schiff und wurde beim Einschiffen in das Boot durch einen Stoß verletzt, dann auf das deutsche Unterseeboot gebracht und in der Kapitänskabine verbunden.‹«

Weddigen äußerte sich über seine Arbeit: »Wir tun unsere Pflicht, bemühen uns, aber Zivilpersonen nicht zu töten. Schiffe, nicht Menschen wollen wir vernichten.

Auf meine Frage, ob er früher auf der ›U 9‹ gewesen sei und die drei englischen Kreuzer versenkt habe, antwortete er mit ja. Wir unterhielten uns über eine Stunde.«

Über die Gründe, weshalb vielen Deutschen die einst als Helden gefeierten Soldaten des Ersten Weltkriegs aus dem Gedächtnis geraten sind, läßt sich mit etlichen klugen Überlegungen räsonieren. Entscheidend dafür dürfte indes letztlich eines sein: Der Erste Weltkrieg wurde von Deutschland verloren. Der Sieg ist es, darauf hatte ja auch Jacob Grimm hingewiesen, der den Helden macht. Niederlagen taugen schwerlich dazu. Und verlorene Siege – um den Titel der Memoiren eines der besten Heerführer des Zweiten Weltkriegs, Erich von Manstein, zu zitieren – können das auch nicht.

Hinzu kommt, daß die Deutschen ihre Niederlage im Ersten Weltkrieg nicht verkraften konnten. Da sie in etlichen Belangen besser gewesen waren als ihre Gegner, vermeinten zumal die Eliten und viele, die danach strebten, zu Elite zu gehören, es könne bei der Niederlage nicht mit rechten Dingen zugegangen sein. Man begann, sich von der Realität abzuwenden. In diesen Zusammenhang gehört auch manche der übertriebenen Formen von Heldenverehrung, wie sie nun in den Dienst eines neuen, des Revanche-Krieges gestellt wurden. Es war der Zweite Weltkrieg, der dann den meisten Deutschen die Begeisterung für Kriegshelden genommen hat. Und, wie das der Brauch bei den Deutschen ist: gründlich.

Es blieb allerdings hier und dort der Respekt vor einzelnen Persönlichkeiten, die sich im Ersten Weltkrieg durch heraus-

ragende militärische Leistungen ausgezeichnet hatten, bestehen. Das hatte aber zuerst mit ihrem Bild in den Jahrzehnten
danach zu tun. Mit der nachgeholten Heldenprüfung.

Heldenprüfung ist zu empfehlen, weil die deutsche
Geschichte mehr als ein halbes Jahrhundert nach dem Ende
des letzten Krieges wieder den Einsatz deutscher Soldaten
unter Kriegsbedingungen zu verzeichnen hat. Am Ende des
20. Jahrhunderts flogen Piloten der Luftwaffe Angriffe gegen
feindliche Stellungen in Serbien. Zu Beginn des 21. Jahrhunderts kreuzen Schiffe der Bundesmarine – eingesetzt zur Ter-
roristenbekämpfung – am Horn von Afrika. In Afghanistan
stehen Soldaten der Bundeswehr mit gefährlichem Auftrag.
Diese Streitkräfte waren einst strikt auf Landesverteidigung
festgelegt. Dazu kam die gemeinsame Verteidigung im Bünd-
nisfall, wenn also ein Mitglied des Nordatlantik-Pakts (Nato)
angegriffen war und um Hilfe bat, was nie vorgekommen
war. Jetzt aber – und künftig wohl noch mehr – geht es um
Interventionen, sofern diese von den Vereinten Nationen
(UN) gefordert oder sanktioniert werden. Die Bundeswehr
wird umgerüstet, um die neuen Aufgaben erfüllen zu können. Manche sehen damit das Ende der Wehrpflicht-Armee
gekommen, denn für Interventionsstreitkräfte braucht man
Berufssoldaten.

Alles dies geschieht im Zusammenwirken mit den Soldaten der Nato-Partner. Es ist gar nicht anders denkbar, aber
das gilt nicht nur für die politische Ebene, es gilt erst recht für
die eingesetzten Truppen, gleich wie hoch der Anteil der
Kontingente aus den verschiedenen Nationen jeweils von Fall
zu Fall bestimmt wird. Hier nun treffen Soldaten aus Ländern mit unterschiedlicher Geschichte, also auch mit unter-
schiedlichen militärischen Traditionen aufeinander. Die Sie-

germächte der Weltkriege haben wenig Schwierigkeiten mit den Hauptsträngen ihrer Tradition. Sie haben ihre Feiertage, die sie mit Pomp und Gloria begehen, und es ist nicht ihre Sache, darüber nachzudenken, wie sich die Geschlagenen von Gestern dabei fühlen. Diese haben nichts zu feiern. Zwar werden sich in Deutschland Angehörige heutiger Generationen zu Recht als Gewinner einer historischen Entwicklung fühlen, an deren Ende der Sturz der Hitler-Diktatur und die Niederlage in dem von Hitler entfesselten Krieg stand, aber daraus läßt sich nichts nehmen, was als militärische Tradition der Deutschen jener der Engländer oder Franzosen an die Seite zu stellen wäre. Man kann über den Versuch der Bundeswehr, an die Tradition des deutschen Militärs anzuknüpfen, sehr unterschiedlich denken, man wird rasch Einvernehmen darüber erreichen, daß dieser Versuch weiterhin gescheitert ist.

Was in Anerkennung und Wertschätzung dieser Tradition vor vierzig Jahren noch Bestand zu haben schien, hat heute keinen Bestand mehr oder ist starken Zweifeln ausgesetzt. Zeremonien, die vor zwanzig Jahren das glücklich politisch Erreichte mit harmonisierten Erinnerungen an die Weltkriege verbinden sollten, gelten heute als Vorkommnisse, an die kaum jemand gern zurück denkt. Die deutsche Politik ist gegenwärtig weiter von pazifistischen Grundsätzen entfernt als je in der Geschichte der Bundesrepublik, aber zugleich waren die militärischen Leistungen der Deutschen im 20. Jahrhundert noch nie so sehr tabuisiert wie heute.

Das ist ein bedenkenswerter Widerspruch in der Gestaltung des politischen Lebens angesichts der Tatsache, daß die Regierenden wieder von den Soldaten des Landes militärische Leistungen erwarten. Auch unter Einsatz ihres Lebens.

Jahrzehntelang war der Dienst in der Bundeswehr weniger gefährlich und weniger entbehrungsreich als der in der Berufsfeuerwehr. Das ist anders geworden.

Manch einer mag sagen, die neue Rolle der deutschen Streitkräfte erfordert keine Reaktivierung der alten Helden als Vorbilder: sie sollen in der Versenkung bleiben, in die schlechte historische Bildung sie befördert hat. Die moderne Armee kann ohne Vorbilder auskommen, sie wird es müssen, sie wird es wollen. Das ist gut möglich.

Aber das wird nicht in Diskussionen zwischen Historikern und Politikern entschieden. Das wird irgendwann von den Soldaten selbst entschieden, und in Deutschland wäre dann diese Entscheidung Soldaten überlassen, die es in ihrem anforderungsreichen Dienst erleben, daß die Soldaten anderer Nationen, mit denen sie zusammenarbeiten, durchaus ihre Vorbilder haben und hochachten. Das wird einigen von ihnen zu denken geben.

Man kann Vorbilder nicht dekretieren. Man kann sie auch nicht unter Denkmalschutz stellen. So natürlich es militärische Vorbilder geben kann, so natürlich gehören die auch zur Diskussion gestellt, wenn es gute Argumente dafür gibt. Was man aber tun kann ist dies: achtgeben, daß die Diskussionen kenntnisreich, politisch verantwortlich und intellektuell redlich geführt werden. Die Dinge dürfen nicht um ihr Maß gebracht werden. Helden eignen sich nicht zur Verklärung. Und jene, die militärisches Heldentum verdammen, haben keineswegs schon deshalb recht, weil die Zeiten glücklicher sind, die keine Helden brauchen. Helden waren im deutschen Militär im 20. Jahrhundert nicht beliebt. Sie wurden schwülstig gefeiert, wenn sie ihre Heldentat nicht überlebten. Wenn sie aber nach Hause kamen, wenn sie gar weiterhin bei der

Truppe sein wollten, wurden sie oft als bunte Vögel beargwöhnt und abgedrängt. Otto Weddigen, der mit seiner »U 29« unterging, als das Boot am 18. März 1915 von dem englischen Linienschiff Dreadnought gerammt und versenkt wurde, erfuhr überbordende Heldenverehrung. Dazu wird beigetragen haben, daß gleich zu Beginn des Ersten Weltkriegs die Engländer mit überlegenen Schlachtkreuzern die drei Kleinen Kreuzer »Köln«, »Mainz« und »Ariadne« in einem Gefecht in der Nordsee versenkt hatten. Das sollte nun ausgeglichen sein. Die Überhöhung der Figur des U-Boot-kommandanten erfolgte sogleich nach seinem Tod.

Überlebende Helden haben es trotz mancherlei Anerkennung schwer, zu einer normalen Rolle im Alltag zurückzufinden, zumal dann, wenn sie nicht als Sieger heimkehren und an den Früchten des Sieges teilhaben. Fregattenkapitän Karl von Müller, der mit dem Kleinen Kreuzer »Emden« den erfolgreichsten Kaperkrieg im indischen Ozean führte, ehe er sein Schiff verlor und mit seiner Besatzung in Gefangenschaft geriet, verließ, ohne daß es jemand bedauert hätte, die winzig gewordene Reichsmarine und starb 1923, kaum fünfzig Jahre alt, in Blankenburg am Harz. Ein Roman, der über ihn geschrieben wurde, ist eher von der melancholischen Sorte. Der Große Brockhaus kennt heute auch seinen Namen nicht mehr.

Unter den deutschen Soldaten des 20. Jahrhunderts sind Helden gewesen – aber insgesamt doch eher zu wenige, als zu viele. Einiges im Ersten Weltkrieg mißlang, weil es den Verantwortlichen an Heldenmut fehlte – so der Schlieffenplan. Anderes gelang, weil die Not Heldentum erzwang – wie in der Tannenberg-Schlacht – oder weil der Soldat sich über alle Konventionen hinwegsetzte – wie Rommel in der 12. Isonzo-

Schlacht. Die Elite, für die sich das deutsche Offizierskorps 1914 hielt, hatte sich in ihrem Leistungsdenken von Kritik abgeschottet und eigene Regeln gegeben, deren oberste – unausgesprochen – es war, nur nicht etwas ungewöhnliches wagen, nur nicht verantwortlich gemacht werden können für ein Scheitern. Sie wollten ihre Militärmaschinerie arbeiten sehen, wie man ein Uhrwerk arbeiten sieht. Für Helden war da kein Platz. Dieses elitäre Spezialistentum ließ eine neue Art von Feigheit entstehen, die sich im ordentlichen Dienstbetrieb noch als Umsicht, Professionalität und geistige Überlegenheit geben konnte, die aber in außergewöhnlichen Situationen allzu oft zu einer unguten Spannung zwischen Sicherheitsdenken und Siegeswillen führte.

Im Jahre 1808 schrieb Carl von Clausewitz an einen der Begründer der Tradition großer Generalstäbler im Preußischen Heer, August Neidhardt von Gneisenau: »Es ist die Zeit der Memoiren; Sie haben mich angestellt, Herr Oberstleutnant, und mögen mir also auch dieses ganz kleine logische Memoire zugute halten, was ich mich erdreiste an den Stufen Ihres Thrones niederzulegen.

1. Wie entstehen halbe Maßregeln? Durch den Wunsch, sich zwei Wege offen zu halten. Sie haben schön behaupten: man kann nicht zwei Wege offenhalten, man muß einen mit Entschlossenheit gehen; es hilft nichts; Sie haben das Gemüt mit dem natürlichen Stoff des Unentschlossenen geschwängert: mit der Möglichkeit eines anderen Weges. Was bleibt Ihnen übrig als die Autorität Ihres Verstandes? Wenden Sie diese auf eine andere Art an.

2. Behaupten und überzeugen Sie, daß es nur einen Weg gibt, so hört von selbst die Tendenz des Verstandes zum Schwanken auf. Sie haben einen Feind weniger, denn es bleibt

nichts als natürliche Furchtsamkeit gegen große Maßregeln; Sie haben einen Allierten mehr, die Furcht vor gewissem Untergang.«

Niemand, der bei Verstand ist, möchte die Situation suchen, die Clausewitz Gneisenau, 1808 beide in der kleinen, von Misstrauen umgebenen Gruppe der preußischen Reformer um Scharnhorst und Stein, hier schildert. Aber wer in sie geraten ist, sollte beherzigen, was der Kriegsphilosoph dem späteren Stabschef des Marschall Blücher darlegte. Helden wissen das. Aber es ist für sie nur dann wichtig, wenn sie das Wissen brauchen.

Heldenprüfung soll die Heldentaten von einst in der historischen Perspektive sehen, die eine von heute ist. Und sie soll sich dem Leben der Helden zuwenden, das mehr bedeutet, als die Ereignisse, die in verstaubenden Geschichtsbüchern nachzulesen sind. Es geht darum, sich zu vergewissern, worüber wir reden können, wenn von unserer militärischen Vergangenheit die Rede ist, ohne Hochmut aber auch ohne Verlegenheit.

Franz von Hipper

Der im bayerischen Weilheim als Sohn eines Gemischtwa-
renhändlers geborene Franz Hipper galt lange Zeit als der
Kriegsheld auf deutscher Seite, der sich der größten Aner-
kennung hätte freuen dürfen – aber er freute sich nicht dar-
über. In der Skagerrak-Schlacht war er Befehlshaber der
Aufklärungsstreitkräfte, die er seit Kriegsbeginn führte; sein
Rang war der eines Vize-Admirals. Wenige Tage nach der
Schlacht – in der die Fama von der Unbesiegbarkeit der bri-
tischen Seestreitkräfte zerstört wurde – erhob ihn König
Ludwig III. von Bayern in den persönlichen Adelsstand, der
Admiral nannte sich von da an Franz Ritter von Hipper. Von
größerem Gewicht aber erscheint heute das Lob, das ihm
Historiker spenden. Der amerikanische Korvettenkapitän
Holloway H. Frost, dessen Buch »Grand Fleet und Hochsee-
flotte im Weltkrieg« 1936, ein Jahr nach dem Tod des Autors,
erschien, schreibt resümierend in seinem Urteil über die
Befehlshaber beider Seiten: »Hipper steht mit seinen Lei-
stungen bei weitem an erster Stelle. Sein fachmännisches
Können und sein Mut stempeln ihn zu einem der größten
Führer der Seekriegsgeschichte.« Und der viel gerühmte
englische Militärhistoriker Corelli Barnett nannte den
Hauptgrund für dieses Lob in seinem 1963 erschienenen
Studien-Band »Anatomie eines Krieges« (»The Swordbea-
rers«), als er bemerkte, Vize-Admiral Beatty, als Befehlshaber

der englischen Aufklärungsstreitkräfte Hippers Gegenspieler in der Schlacht, sei von diesem »allein entscheidend geschlagen worden«.

Hipper selbst meinte zum Ausgang der größten Seeschlacht der Geschichte: »Nur die schlechte Qualität der britischen Sprenggranaten bewahrte uns vor der Katastrophe.«

Wenn das Bild von Hipper dem Seehelden mitnichten von Dauer war, so gewiß nicht deshalb, weil diese Bemerkung zutreffend war. Auch die Tatsache, daß Hipper Chef der Deutschen Hochseeflotte war, als in Kiel und Wilhelmshaven 1918 die Meuterei auf den Schiffen ausbrach, die das Ende des Kaiserreichs einleitete, dürfte kaum der Grund dafür sein, daß seine Leistung in der Skagerrak-Schlacht seinen Ruhm nicht für immer befestigte. Hippers Unglück war es, daß er mit der falschen Mannschaft antreten mußte, im falschen Stadion und in einem Turnier, in dem nicht jeder jeden Preis gewinnen konnte. So nützte es ihm wenig, daß er der beste in der Schlacht gewesen war.

Und wo war er der beste gewesen? Am 31. Mai 1916 befanden sich die Aufklärungsstreitkräfte und die Hochseeflotte der Deutschen in der Nordsee. Sie steuerten einen nördlichen Kurs und beabsichtigten, eine britische Teilstreitmacht zu stellen und wenn möglich zu vernichten. Die Briten, die den gesamten deutschen Funkverkehr abhören konnten, wußten von Hipper. Was sie nicht wußten, war, daß auch schon Vize-Admiral Reinhard Scheer mit der Hochseeflotte, die er seit Januar 1916 führte, im Einsatz war. Zwar hatten sie erfahren, daß auch Scheer von der Jademündung in die Nordsee auslaufen würde, aber sie bekamen doch nichts davon mit, wie rasch er dies tat. Die Deutschen sendeten an diesem Tag von einer Küstenstation an der

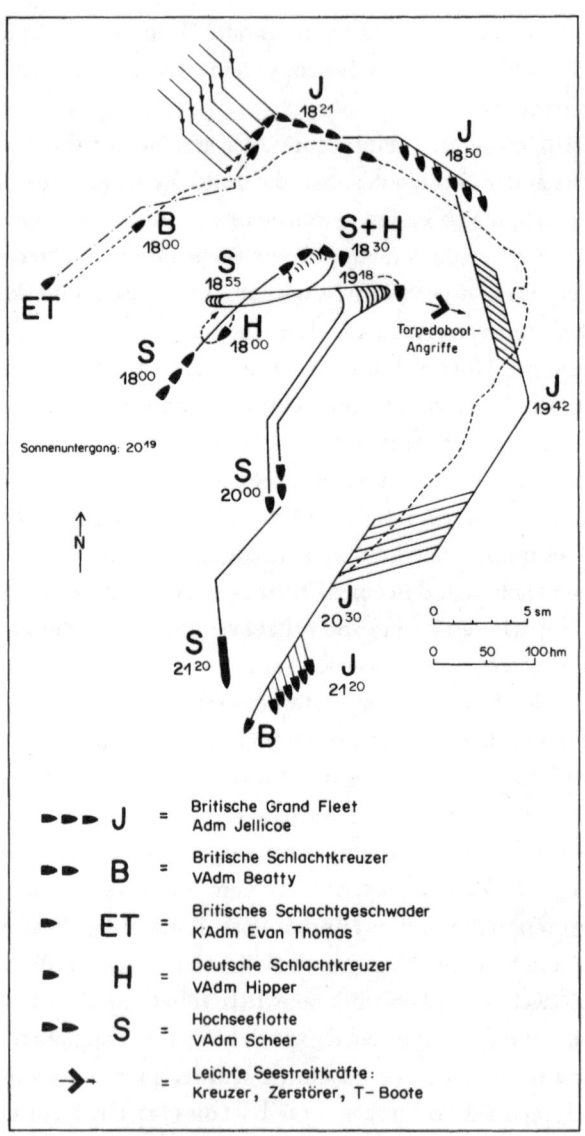

Die Schlacht am Skagerrak (31. Mai 1916)

Nordsee Rufzeichen von Scheers Flaggschiff »Friedrich der Große«, die Flotte selbst aber wahrte Funkstille. Die Grand Fleet unter dem Kommando ihres Oberbefehlshabers John Jellicoe verließ ihren Stützpunkt Scapa Flow im äußersten Norden Schottlands, um sich irgendwo zwischen Skagerrak und Nordsee mit den Schiffen Admiral Beattys zu vereinigen, der vom südlicheren Rosyth aufgebrochen war. Hinzu kamen weitere Schlachtschiffe unter dem Kommando von Vize-Admiral Jerram, der von Cromarty aufbrechen mußte, das zwischen den beiden Stützpunkten an der schottischen Ostküste lag. Diese Verteilung der britischen Kräfte auf drei Orte war sicherlich ein Nachteil, Jellicoe konnte seine ganze Flotte erst auf hoher See versammeln. Nun aber gedachte er genau das zu tun, was Scheer auch vor hatte: eine deutsche Teilstreitkraft zu stellen und zu vernichten, bevor das Gros der Deutschen heran war. Da Jellicoe über das Herannahen der Aufklärungsstreitkräfte Hippers und – der Absicht nach – auch der Flotte Scheers unterrichtet war, konnte er seine Schiffe früh genug in Marsch setzen und so den Nachteil ausgleichen.

Jellicoe verließ Scapa Flow am 30. Mai um 21 Uhr 30, David Beatty Rosyth um 22 Uhr, Martin Jerram Cromarty um 22 Uhr 15. Ein weiteres Schlachtgeschwader, das Fünfte unter Vize-Admiral Hugh Evan-Thomas verließ Rosyth um 22 Uhr 40. Erst um 1 Uhr morgens, am 31. Mai, verließen Hippers Aufklärungsstreitkräfte Wilhelmshaven, anderthalb Stunden später schon folgte ihm Scheer Mit dem III. und dem I. Geschwader sowie dem II., das aus älteren Schiffen bestand, deren mangelnde Geschwindigkeit ein Risiko bedeutete, die man aber aus Sentimentalität nicht im Hafen zurücklassen wollte. Deutsche U-Boote meldeten Schiffsbewegungen größeren Ausmaßes vor Scapa Flow und von Jerrams Verband. Umgekehrt funktionierte der Trick der Deutschen mit den Rufzeichen von Scheers Flagschiff, die eine Küstenstation aussandte. Noch um 10 Uhr 30 informierte die britische Admiralität Jellicoe darüber, daß Scheer unverändert im Hafen liege. Um 11 Uhr 22 vereinigten sich die Schiffe von Jerram und Jellicoe. Um 14 Uhr war von Beattys Schiffen noch nichts zu sehen. Um 14 Uhr 18 kam von der »Galatea«, einem von Beattys Kreuzern der Sicherungsgruppe, die Meldung: »Dringend. Zwei wahrscheinlich feindliche Kreuzer gesichtet«, dazu die Positionsangaben.

Gegen acht Uhr an diesem 31. Mai erreichte Hipper das offene Meer, nachdem er die Minenfelder, die zum Schutz der Deutschen Bucht angelegt worden waren, passiert hatte. Aber es vergingen noch siebeneinhalb Stunden, bis der Kleine Kreuzer »Elbing« aus der II. Aufklärungsgruppe das Insichtkommen feindlicher Streitkräfte meldete. Wieder eine Stunde später, um 16 Uhr 48 wurde das Feuer zwischen den Schlachtkreuzern Hippers und Beattys eröffnet. Zu dem Zeitpunkt hatten sich die vier starken und schnellen Schlachtschiffe von Evan-Thomas noch nicht mit den Einheiten Beattys verbunden, ja, sie irrten ein wenig ziellos umher. Evan-Thomas, der Beatty frisch zugeteilt worden war, weil dessen üblicher Partner Konteradmiral Horace Hood in dieser Zeit mit seinem Schlachtkreuzer-Geschwader zu einem Übungsschießen bei Scapa Flow abkommandiert war, kannte die Führungsweise des draufgängerischen Befehlshabers der britischen Aufklärungsstreitkräfte nicht gut genug.

Beattys schlagkräftiges Geschwader verfügte über sechs Schlachtkreuzer, Hippers nur über fünf. Beatty wußte Jellicoe hinter sich, Hipper erwartete die Ankunft Scheers. Evan-

Thomas mit den stärksten Schiffen von allen fuhr in der
Nähe herum, zu weit entfernt, um einzugreifen, zu schlecht
unterrichtet, um zur Stelle zu sein. Beatty war der Ansicht, er
könne mit Hipper allein fertig werden. Er schlug damit die
Erfahrungen in den Wind, die man allein schon mit der technischen Überlegenheit deutscher Schiffe gemacht hatte. Aber
auch, was die Navigationskunst Hippers anbetraf und die
Schießleistungen seiner Geschützmannschaften, erwiesen
sich die Deutschen in diesem Gefecht als überlegen. Kurz
nach fünf Uhr wurde der Schlachtkreuzer »Indefatigable« so
schwer getroffen, daß er um 17 Uhr 05 kenterte. Jetzt war
auch Evan-Thomas herangekommen. Mit seinen vier modernen Schlachtschiffen stieß er auf das Ende von Hippers
Kampflinie und eröffnete sofort das Feuer. Der Befehlshaber
der deutschen Aufklärungsstreitkräfte, der es jetzt mit neun
feindlichen Schiffen zu tun hatte, davon vier überlegene
Schlachtschiffe, setzte mit seinen fünf Schlachtkreuzern den
Kampf unbeirrt fort. Er war zuversichtlich, so für das Gros
der Hochseeflotte unter Scheer, den Hipper über die Vorgänge bestens unterrichtete, so weit er selber Bescheid wußte,
eine fette Beute am Ort zu binden. Von dem ebenfalls herankommenden Jellicoe wußte er nichts.

Und Hipper kämpfte gut. Frost spricht von einem Mei-
sterstück des Seekriegs und fügt hinzu, »daß es sich den
Taten eines Nelson würdig an die Seite stellt.« Um 17 Uhr 26
wurde aus Beattys Verband der Schlachtkreuzer »Queen
Mary« getroffen und sank. Beatty bemerkte daraufhin trok-
ken zu seinem Flaggschiffkommandanten: »Chatfield, mit
unseren verdammten Schiffen scheint heute etwas nicht in
Ordnung zu sein. Drehen Sie zwei Strich Backbord.« Was
hieß: näher zu Hipper.

Auch Beatty wollte vermeiden, daß die Deutschen dem vermeintlich sicheren Untergang entkamen, den er ihnen im Zusammenwirken mit Jellicoe zu bereiten gedachte. 1915 bei der Doggerbank hatte Hipper sich retten können, weil die Koordination bei den Briten nicht klappte, hatte dabei aber den großen Kreuzer »Blücher« verloren. Wieder war Jellicoe über die Entwicklung der Schlacht weniger gut unterrichtet als Scheer. Das Schießen hatte schon begonnen, als er seine stets vorbildliche Beherrschtheit aufgab und an die Herren seines Stabes gewandt fragte: »Ich wünschte, es würde mir jemand sagen, wer da schießt und auf was sie schießen.«

Zu diesem Zeitpunkt hatte der britische Flottenchef schon zwei Schlachtkreuzer verloren – und wußte es nicht. Hipper hielt es nun für angezeigt, zurückzustecken. Scheer schien ihm nahe genug zu sein, um den Rest der Arbeit zu erledigen. Beatty rückte nach, und als ihm jetzt die Schlachtschiffe der Hochseeflotte gemeldet wurden, drehte er rasch ab, um die Berührung mit Jellicoes Anmarsch zu finden. Er teilte dies aber nicht Evan-Thomas mit, so daß der von einem kräftigen Beschuß durch Scheer überrascht wurde. Er konnte sich aber absetzen und lieferte sich ein heftiges Rückzugsgefecht mit Hipper, dessen Schiffe von den überlegenen Geschützen der britischen Schlachtschiffe stark ramponiert wurden – aber nicht sanken.

Hier zeigte sich, daß die deutschen Schiffe, mehr auf Defensiv-Stärken ausgerichtet, besser waren als die englischen, für die stets und schnell die Katastrophe durch einen einzigen Treffer eintreten konnte. Die deutschen Schiffe waren besser gepanzert und die einzelnen Abteilungen ließen sich zuverlässig von einander abschotten. Die englischen Geschosse waren zwar großkalibriger und wurden

auch aus weiterreichenden Geschützen abgeschossen, aber
sie explodierten – wenn überhaupt – schon beim Aufschla-
gen. Die deutschen Geschosse drangen erst in den feindlichen Schiffskörper ein und explodierten dann. Das alles
war den Briten am Ende des zweiten Kriegsjahres zweifellos
bekannt. Beattys schnoddrige Worte »von unseren verdammten Schiffen« zeugten also weniger von Kaltblütigkeit
als von Ignoranz. Jetzt jagte er mit seinen vier ihm verblie-
benen Schlachtkreuzern an der aufmarschierenden Flotte Jellicoes vorüber, versäumte es aber, dessen Frage nach dem Auf-
enthaltsort der feindlichen Schlachtflotte zu beantworten.
Die erwünschte Auskunft kam dann von Evan-Thomas, der
ihm um 19 Uhr 10 meldete: »Feindliche Schlachtschiffe SSO
(145 Grad)«.

Die Nähe Scheers war für Jellicoe sicherlich nicht beäng-
stigend, aber die Meldung davon kam für ihn doch »gänzlich
unerwartet«, wie er in seinen Erinnerungen schreibt.

Beatty hatte die Absicht gehabt, den ihn verfolgenden Hipper auf die Grand Fleet zu ziehen. Und das gelang ihm auch.
Aber unter neuen Opfern. Er fuhr auf und davon und überließ es Evan-Thomas, ihn gegen die eingetroffenen Verbände
Scheers zu decken. Er traute sich nicht mehr, meint Frost,
gegen Hipper zu kämpfen: »Die britischen Schlachtkreuzer
waren in der Tat von einer unterlegenen Streitmacht entscheidend geschlagen worden.« Beizeiten hatte Jellicoe das bei ihm
befindliche 3. Schlachtkreuzer-Geschwader unter Konteradmiral Hood nach vorn geschickt, um Beatty zu helfen. Als
Konteradmiral Hood bei Beatty eintraf, setzte er sich vor dessen Flaggschiff und eröffnete um 19 Uhr 20 das Feuer auf die
deutschen Schlachtkreuzer. Er verfolgte die Arbeit seiner
Artillerie von der Brücke seines Führungsschiffs »Invincible«

aus und war davon begeistert. Das währte keine Viertelstunde. Um 19 Uhr 34 wurde das Schiff getroffen. Es gab eine furchtbare Explosion und die »Invincible«, die im Dezember 1914 mit dem Geschwader des Vize-Admirals Sturdee die Schiffe Admiral Graf Spees bei den Falkland Inseln versenkt hatte, zerbrach in zwei Teile, deren jedes auf dem Meeresgrund stehend über die Wasserfläche ragten. Hood fand den Tod, nur sechs von 1050 Besatzungsmitgliedern wurden gerettet. Es war der dritte britische Schlachtkreuzer, der an diesem Nachmittag von Hippers 1. Aufklärungsgruppe, den Schlachtkreuzern »Lützow«, »Derfflinger«, »Seydlitz«, »Moltke« und »Von der Tann« versenkt wurde.

Unterdessen hatten sich bei den Schlachtflotten unter Scheer und Jellicoe wesentliche Entwicklungen vollzogen. Scheer, der nicht wußte, wie nah Jellicoe schon war und mit einer großen Schlacht erst für den nächsten Tag rechnete, ordnete seine Linie. Er vermutete die Briten irgendwo nordöstlich von seiner Flotte, und das war falsch. Auch Jellicoe wußte um 19 Uhr noch nicht, wo sich denn die deutschen Schlachtschiffe befänden. Beatty hatte sie zwar gesehen, teilte ihm aber nichts davon mit. Um 19 Uhr 08 ließ Jellicoe erkennen, daß er die Hauptmacht seiner Flotte so einzusetzen gedachte, daß sie sich zunächst von dem vermuteten Feind (Scheer) wegbewegte. Er verzichtete damit auf die Möglichkeit, Scheer zu überraschen, aber auch auf die Chance, der deutschen Flotte den Rückweg abzuschneiden. Es war eine Entscheidung im Interesse der Sicherheit. Churchill hatte einmal vom Oberbefehlshaber der britischen Flotte gesagt, das sei der Mann, der den Krieg an einem Nachmittag verlieren könnte. In diesen Stunden des 31. Mai sah es so aus, als könnte die Schlacht infolge von Fehlern verloren gehen, die innerhalb weniger Minuten gemacht wurden. Jellicoe wollte solche Fehler vermeiden.

Auf Grund der falschen Vorstellungen darüber, wo sich die Grand Fleet befände, wurde Scheer dann doch überrascht. Um 19 Uhr 33 fuhren die Schlachtschiffe der Hochseeflotte in Kiel-Linie auf Jellicoes Verbände zu, die sich nach anfänglichem Durcheinander in mächtiger Breite entwickelt hatten. Es war nicht gerade der über das T gezogene Strich nach Nelson'schem Vorbild – hier kann der Flottenführer, der den Strich über das T zieht (»crossing the T«), mit den dem Feind zugewandten Breitseiten seiner Schiffe die wie Perlen auf einer Schnur gezogen heranfahrenden Einheiten der gegnerischen Flotte beschießen, die selber nur und eingeschränkt mit dem vordersten oder gerade noch dem nächst folgenden Schiff schießen kann. Es bestand, wie gelegentlich fabuliert wurde, auch nicht die Gefahr, daß die deutsche Flotte eingekreist oder in die Zange genommen werden konnte, da die Engländer einen Bogen um ihre Spitze bildeten. Aber Scheer befand sich in großer Gefahr.

Die Lage der Deutschen war deshalb so prekär, weil sie die britischen Schiffe nicht sehen konnten, aber selbst von ihnen sehr gut gesehen wurden. Im hereinbrechenden Abend waren es Scheers Schiffe, die von Westen kamen und sich für die Beobachter auf britischer Seite vor dem hellen Horizont gut abhoben. Die Deutschen dagegen schauten in einen dunkler werdenden Dunstschleier, in dem sie lediglich das Aufblitzen der britischen Geschütze registrieren konnten. Nun mußte Scheer innerhalb weniger Minuten eine Entscheidung treffen und er traf unter Sicherheitsaspekten die richtige. Er ordnete Gefechtskehrtwendung an, das hieß, vom letzten Schiff der Linie angefangen drehte jedes auf der Stelle um 180 Grad und ging auf Gegenkurs. Das klappte ausgezeichnet – und plötzlich war vor Jellicoes Augen die deutsche Schlachtflotte verschwunden.

Der Oberbefehlshaber der Grand Fleet hätte nachsetzen können und gute Chancen gehabt, die durch veraltete und langsame Schiffe gehandikapte sowie zahlenmäßig weit unterlegene Flotte Scheers doch noch zu erreichen und zu vernichten. Jellicoe tat das nicht. Er fürchtete die Torpedos der deutschen Torpedoboote, die jetzt zur Deckung der Gefechtskehrtwendung vorgestoßen waren. Und er hatte immer noch damit zu tun, Ordnung in seine Marschbewegungen zu bringen. Um 19 Uhr 40 trat bei den Geschützen der Schlachtschiffe Ruhe ein.

Scheer allerdings hatte nun keineswegs die Absicht, mit diesen zehn Minuten der Begegnung die große Seeschlacht, den »Tag«, auf den man so lange gewartet hatte, zuende gehen zu lassen. Weniger als zwanzig Minuten nach der Gefechtskehrtwendung, mit der er vor den Briten davon dampfte, gab er – um 19 Uhr 55 – ein zweites Mal den Befehl zur Gefechtskehrtwendung, jetzt auf Jellicoes Flotte zu. »Den Nachtmarsch anzutreten«, schreibt er dazu in seinen Erinnerungen, »war es noch zu früh. Wenn der Feind uns folgte, mußte unser Verhalten bei Beibehalten der nach dem Umlegen der Linie eingenommenen Richtung den Charakter des Rückzugs annehmen, und die Flotte mußte bei etwaiger Beschädigung unserer Schlußschiffe sie entweder preisgeben oder sich zu einer Handlungsweise entschließen, die unter dem Druck der feindlichen Wirkung, also nicht aus freiem Entschluß, erfolgte und uns daher von vornherein benachteiligte.« Scheer fürchtete, von dem zahlenmäßig weit überlegenen Feind später oder auch am nächsten Tag gestellt und geschlagen zu werden.

»Dem vorzubeugen, gab es nur ein Mittel: dem Gegner durch einen nochmaligen rücksichtslosen Vorstoß einen zweiten Schlag zu versetzen und die Torpedoboote mit Gewalt zum Angriff zu bringen.« Wenn von einem Schlag die Rede sein konnte, den die Briten bis dahin von den Deutschen erhalten hatten, so war der freilich allein von Hipper gekommen.

Doch der war jetzt aus dem Spiel. Ein Treffer auf seinem Flaggschiff »Lützow« hatte die Funkanlage zerstört. Auch war es inzwischen derart durch feindliches Feuer lädiert, daß es rapide an Geschwindigkeit verlor. Der Vize-Admiral mußte mitten im Gefecht das Schiff wechseln. Er stieg zunächst auf ein Torpedoboot »G 39« um und wollte sich zur »Seydlitz« bringen lassen. In deren Nähe angelangt wurde ihm mitgeteilt, daß auch dieser Schlachtkreuzer nach den stundenlangen Gefechten nicht mehr auf der Höhe sei und zur Führung des Verbandes kaum tauge. Weiter ging es zur »Von der Tann«. Dort war inzwischen die schwere Artillerie nahezu außer Gefecht gesetzt. Für ein Flaggschiff nicht gut. Schließlich die »Moltke«! Hipper wollte schon hinübersetzen, als von Scheer der etwas verzweifelte Befehl kam: »Schlachtkreuzer ran an den Feind, voll einsetzen!« Daraufhin mußten Hippers Schiffe unverzüglich und mit voller Kraft auf die britische Gefechtslinie zuhalten. Für ein so kompliziertes Manöver wie die Aufnahme des Befehlshabers der Aufklärungsstreitkräfte war da keine Zeit mehr. Es war dies der verrückteste Augenblick der ganzen Schlacht – und Hipper erlebte ihn mittendrin auf einem Torpedoboot. Sein Verband sollte geopfert werden, um der Hochseeflotte Luft gegenüber einem überlegenen Feind zu verschaffen.

Um 20 Uhr 05 hatte das Artillerieduell zwischen Scheer und Jellicoe wieder begonnen. Die Sicht war jetzt allgemein sehr schlecht. Und wieder fuhr die deutsche Flotte in die Mitte der britischen hinein. Nie in der Skagerrak-Schlacht waren die beiden Flotten, die sich so lange wie nahezu Blinde über die See aufeinander zu bewegt hatten, einander so nahe gekommen wie in diesem Augenblick. Um 20 Uhr 12 feuerten schon die meisten der britischen Schiffe, wieder sahen die Deutschen auf den Schiffen an ihrer Spitze nur das Aufblitzen der Mündungsfeuer der auf sie gerichteten Geschütze. An ein Entfernungsmessen zur Einrichtung der eigenen Artillerie war nicht zu denken. Nur so viel war gewiß: Jellicoes Flotte stand in einem weiten Bogen vor der wieder in Kiel-Linie herankommenden deutschen. Georg von Hase, der Artillerieoffizier auf der »Derfflinger« kommentiert die Lage in seinem Buch über die Schlacht: »Wir waren in eine Todesfalle geraten.« Scheer wollte, indem er Hippers Schlachtkreuzern opferte, das Gros seiner Flotte aus dieser Falle herausbringen. Daher gab er um 20 Uhr 13 den Befehl: »Ran an den Feind«. Doch schon zwei Minuten später änderte er seinen Befehl dahin gehend, die Schlachtkreuzer sollten gegen die Spitze der feindlichen Flotte vorgehen, und wieder drei Minuten später – um 20 Uhr 18 – gab der Oberbefehlshaber der Hochseeflotte den Befehl zur dritten Gefechtskehrtwendung innerhalb von vierzig Minuten. Erst danach, um 20 Uhr 21 befahl Scheer den Angriff seiner Torpedoboote. Da hatten diese sich längst schon selbst in Richtung auf die Briten in Bewegung gesetzt. Das Agieren Scheers konnte nach Panik aussehen.

Dieses Mal gelang die Gefechtskehrtwendung bei weitem nicht so perfekt wie zuvor. Scheers Schiffe gerieten in Unordnung. Hippers Schlachtkreuzer wurden entsetzlich demoliert – aber sie sanken nicht. Die Briten setzten wieder nicht nach, um 20 Uhr 27 erhielt die »Seydlitz« noch einmal zwei Treffer um halb neun verschwanden die Schlachtkreuzer wie die Schlachtschiffe im Rauchschleier der nun vorgepreschten Torpedoboote. Aber es wurde zehn Uhr abends, bis Hipper an Bord der »Moltke« gehen konnte.

Die Schiffe suchten jetzt die Verbindung zu ihren Flottenteilen und zur Flotte. Auch Hipper auf der »Moltke« tastete lange im Dunkeln umher. »Was«, soll er da zu einem seiner Offiziere gesagt haben, »werden sich die Leute später auf der Marineakademie die Köpfe zerbrechen, was wir uns bei alldem gedacht hätten! Ich behaupte, wir haben uns gar nichts gedacht, wir haben immer nur versucht, taktisch richtig zu handeln.«

Der Hochseeflotte gelang mit Glück und begünstigt durch die Unfähigkeit britischer Kapitäne und Kommandeure die Rückkehr nach Wilhelmshaven. Jellicoe konnte sie nicht mehr zum Kampf stellen. Trotz der Verluste, die er in der Schlacht erlitten hatte, waren seine Verbände am Ende stärker als die der Deutschen. Jellicoe hatte zu Beginn des Treffens über 24 Schlachtschiffe und neun Schlachtkreuzer verfügt, Scheer über 16 Schlachtschiffe, dazu die sechs älteren Typs, die zu langsam waren, und Hippers fünf Schlachtkreuzer. Zudem hatte Jellicoe noch acht Schwere Kreuzer, von denen Scheer keinen einzigen hatte. Außerdem setzten die Briten 73 Zerstörer ein, die Deutschen 61 Torpedoboote. Bei der Begegnung der Schlachtflotten hatte die Grand Fleet schon zwei von Beattys Schlachtkreuzern verloren, ein dritter (mit Hood an Bord) sollte folgen. Die Flotte Scheers war zu diesem Zeitpunkt insofern geschwächt, als auf dem Panzerkreuzer »Von der Tann« kein Geschützturm mehr feuerbereit war. Auf dem Rückzug der Deutschen konnten die Briten noch das ältere Schlachtschiff »Pommern« versenken. Die Deutschen versenkten selbst die nicht mehr zu rettende »Lützow«. Das verzeichnen britische Historiker bis heute als Versenkung in der Schlacht. Da mag man zwar sagen: weg ist weg! Aber es ist doch ein Unterschied, ob ein Schlachtkreuzer mit tausend Mann Besatzung mitten im Gefecht aus der Kampflinie verschwindet oder ob ein durch feindliche Treffer schwer beschädigtes Schiff nach der Schlacht von der Besatzung verlassen und dann gesprengt wird, ohne daß noch ein weiterer Soldat sein Leben verliert.

In der Abschluß-Bilanz las sich die eine Wahrheit der Schlacht so: Die Deutschen hatten 111 980 Tonnen an britischen Kriegsschiffen versenkt, die Briten 62 233 Tonnen an deutschen Kriegsschiffen (die »Lützow« mitgerechnet). Die Briten hatten 6945 Mann verloren, die Deutschen 2921.

Eine andere Wahrheit der selben Schlacht sieht so aus: Die Deutschen konnten froh sein, daß sie am 1. Juni 1916 nach Hause kamen. Sie brauchten lange, bis sie sich wieder berappelten. Die Briten hatten ihre Schäden rasch repariert und ihre Verluste ausgeglichen. Die Hauptsache jedoch: Nach wie vor lagen die britischen Inseln wie ein riesiger Sperrbalken zwischen den deutschen Häfen und den Weltmeeren. Von weit entfernt gelegenen Stützpunkten aus konnte die britische Flotte die Fahrtrouten kontrollieren. Dort, wo sie das tat, konnte die unterlegene deutsche Flotte nicht wagen, sie anzugreifen.

Biese Bilanz hat denn auch nach der Schlacht Winston Churchill bewogen, den Sieg für die Briten in Anspruch zu nehmen. Freilich: für diesen Vorteil hätten am 31. Mai nicht Tausende britische Seeleute sterben müssen. Mit dem Auslaufen in die Nordsee Richtung Südosten hatten die Admirale der Grand Fleet etwas erreichen wollen. Wenn sie eine Demonstration erreichen wollten, die zeigte, daß ihre Flotte auf See ungeschlagen bleiben würde, dann haben sie das teuer bezahlt.

Die deutschen Admirale dagegen hatten erfahren, wie sehr sie zu schlagen waren. Als sie sich Ende des Krieges Gedanken darüber machten, eine solche Schlacht zu wiederholen, war der Untergang um der Ehre der Waffengattung willen schon mit einkalkuliert. Die Revolution verhinderte das Exempel.

Es gibt indes auch noch eine dritte Wahrheit, und die wird sichtbar, wenn man die Leistungen der vier wichtigsten Flottenführer in der Schlacht bilanziert. Am schlechtesten schneidet dabei David Beatty ab, obgleich er zum Schluß und nach dem Krieg in England zu höchsten Ehren aufstieg und den meisten Ruhm einheimste. Beatty verlor im direkten Vergleich mit dem an Schiffen schwächeren Hipper zwei seiner sechs Schlachtkreuzer. Er erfüllte seine Aufgabe als Befehlshaber der britischen Aufklärungsstreitkräfte nur unzureichend und sorgte, als er sich der Hauptmacht der Flotte unter Jellicoe anschloß für das Durcheinander in der Aufstellung der Grand Fleet. Nach der Schlacht trug wieder Beatty die Hauptverantwortung dafür, daß wegen mangelnder Aufklärung Jellicoe den Kontakt zu Scheer verlor.

Jellicoe führte – in Übereinstimmung mit den Vorstellungen der Admiralität – seine Flotte vorsichtig. Er hatte zweimal die Gelegenheit, die Hochseeflotte entscheidend zu schlagen. Er verzichtete darauf. Der Sieg im Krieg hat ihm recht gegeben, der Tag vor Jütland nicht.

Scheer hatte, als er am 31. Mai in See stach, nicht tun wollen, was er tun mußte. Aber als er wußte, daß er auf die Grand Fleet treffen würde, wich er nicht aus. Was er wohl nicht wußte, war, daß bei seiner ersten Anfahrt auf Jellicoes Linie dort ein gewisses Durcheinander herrschte. Hätte er alles gewagt, hätte er vielleicht alles gewonnen, die britische Linie durchbrochen und die feindlichen Schiffe, die zwar an Zahl überlegen, an Kampffestigkeit aber unterlegen waren, in ihrem Auseinanderjagen einzeln zusammengeschossen. Hipper hatte vorgemacht, wie das ging. Zu Hilfe gekommen wäre Scheer dabei der Umstand, daß britische Offiziere nicht gewohnt und nicht dazu erzogen waren, selbständig zu handeln. Scheer hätte dabei aber auch grandios untergehen können. Bei der dritten Gefechtskehrtwendung zeigte Scheer Schwächen, die schlimme Folgen hätten haben können, wenn Jellicoe sie ausgenutzt hätte.

Hipper zeigte solche Schwächen nicht, er zeigte überhaupt keine Schwächen. Aber es ist schwer zu vergleichen, was beide in der Schlacht taten. Hipper hatte eine begrenzte Aufgabe. Die löste er gut und vernichtete dabei drei feindliche Schlachtkreuzer. Doch als Befehlshaber der Aufklärungsstreitkräfte konnte er sich auch darauf beschränken zu sagen: ich tue, was ich tun muß. Scheer dagegen kam in der Schlacht wohl mit der bangen Frage in Berührung: was tue ich überhaupt hier, was soll ich tun. Den Gegner schlagen konnte er nicht, vor dem Gegner davon laufen wollte er nicht, wenigstens nicht so bald. So kämpfte Hipper taktisch meisterhaft, brauchte aber mehr auch nicht zu leisten. Scheer verhielt sich operativ stümperhaft, und wenn er einen Erfolg nur Zufällen zu verdanken gehabt hätte, so waren es doch zuletzt Zufälle, die ihm halfen, der Katastrophe zu entgehen. Zufälle hatte Hipper nicht nötig.

Einen »improvisierten Flottenführer« hatte ein Admiralstabsoffizier Hipper einmal genannt. Das bezog sich darauf, daß der Bayer von den 33 Dienstjahren, die er 1914 auf dem Buckel hatte, 25 auf Schiffen oder Torpedobooten verbracht hatte; der Marineakademie und dem Admiralstabsdienst war er fern geblieben. Aber er hatte von Oktober 1882 bis Oktober 1884 als Seekadett auf der Kreuzerfregatte »Leipzig« die Erde umsegelt und war nach langen Jahren auf Torpedobooten zuletzt als Flottillenchef drei Jahre Navigationsoffizier auf der kaiserlichen Yacht »Hohenzollern«. Von dort ging er, inzwischen zum Korvettenkapitän befördert, wieder zu den Torpedobooten, bis er das Kommando über den Großen Kreuzer »Friedrich Karl« bekam. Er war damit zu den Aufklärungsstreitkräften gestoßen. Als er im Oktober 1913 zum Befehlshaber über diese Teilstreitmacht ernannt wurde, war er soeben 50 Jahre alt geworden, ein Junggeselle, der außer dem Dienst auf den Schiffen nur noch die Freude an der Jagd kannte.

Es war eine Karriere gewesen, auf die nichts hingedeutet hatte, was Hipper von Hause aus mitbrachte. Seine bayrischen Vorfahren waren väterlicher- wie mütterlicherseits Bierbrauer gewesen. Der Vater, der in Weilheim sein Geschäft gegründet hatte, starb schon 1867 und ließ seine Frau mit vier Knaben allein zurück. Franz Hipper, 1863 geboren, war der dritte. Alle mußten ein Instrument lernen, noch als Admiral sorgte sich Hipper sehr um die Qualität seiner Militärmusiker und haßte es, wenn eine Kapelle nur preußische Märsche und Wiener Walzer im Programm hatte. Aufs Gymnasium kamen die Hipper-Buben nach München und in ein Pensionat. Aber mit dem dritten war es nichts. Bald wechselte er auf ein Realgymnasium, und als er 16 Jahre alt war, ließ er sich heimlich von einem Arzt auf Militärtauglichkeit untersuchen. Daraufhin teilte er seiner Mutter mit, er wolle zur

Kriegsmarine gehen. Die versuchte kurioserweise ihn dadurch davon abzubringen, daß sie ihm sogleich die Seefahrerromane von Marryat verschaffte, in der Hoffnung, die drastischen Schilderungen von den Härten des Seemannsberuf könnten abschreckend wirken. Das Gegenteil war der Fall. Nun gab die Mutter auf. Mehr noch. Sie selbst brachte ihn nach Kiel, um ihn dort unterzubringen. Da Franz Hipper kein Schulabschlußzeugnis vorweisen konnte, mußte er eine Aufnahmeprüfung bestehen, auf die man auf einem eigens dazu geschaffenen privaten Institut vorbereitet wurde. Im April 1881 bestand er die Aufnahmeprüfung und trat in die Marine ein, zu seiner Crew gehörten auch die späteren Admirale Souchon und Schultz. Das erste Schiff, auf das er als Kadett kam, war die Segelfregatte »Niobe«, die 1848 vom Stapel gelaufen war und zur englischen Marine gehört hatte, bevor Preußen sie 1862 käuflich erwarb, zu einer Zeit also, wo man als Bayer, wie es bis heute zu hören ist, noch auf die Preußen hatte schießen dürfen.

Wie Graf Luckner, wie Otto Weddigen hatte Hipper keine ordentliche Schulbildung vorzuweisen. Es läßt sich nun in seinem Fall leicht sagen, daß es darauf auch nicht ankam. Dennoch legte die Admiralität der kaiserlichen Marine in den folgenden Jahren und erst recht im beginnenden 20. Jahrhundert gesteigerten Wert auf das Abitur bei ihren Offiziersanwärtern. In seiner Analyse der Ursachen für den Verlauf der Skagerrak-Schlacht schreibt Corelli Barnett zur Kritik der britischen Marine vor dem Ersten Weltkrieg: »Da sie die Majorität ihrer Offiziere einer Schicht entnahm, die nur ein Prozent der Gesamtbevölkerung repräsentierte, zapfte die Royal Navy niemals das große Reservoir urbaner mittelständischer Talente an, die Scheers Offizierskorps einen

so hohen Erziehungs- und Intelligenzgrad verliehen.« Tatsächlich gab es unter den neun in der Skagerrak-Schlacht
sich auf See befindenden deutschen Admiralen nur einen mit
einem Adelsprädikat. Kaum anders war das Verhältnis bei
den Flottillen-Chefs: 8 zu 1.

Das klingt fortschrittlich, aber das täuscht. Politik war im
Deutschland Preußens keine gesellschaftliche Leistung sondern die Verordnung von Maßnahmen. Seit Bismarck mit
dem Verfassungsbruch von 1862 durchgekommen war und
er nach den drei Einigungskriegen von 1864 und 1866 sowie
1870/71 das Deutsche Reich unter einem Hohenzollern-
Kaiser gegründet hatte, hatte er das national und liberal
gesonnene Bürgertum in Deutschland für seine Art, Realitä-
ten zu sehen, gewonnen. Allerdings hatte man kaum irgendwo in Berlin seine Intelligenz geerbt, die ihn gemahnt hatte,
bei aller Rücksichtslosigkeit vorsichtig zu sein und stets
behutsam zu Werk zu gehen. Als Wilhelm II., der Bismarck
entließ, die Laufbahnen in seiner kaiserlichen Marine aus-
drücklich den »Tüchtigen« öffnete, also junge Männer aus –
freilich etwas gehobenen – bürgerlichen Familien ermutigte,
See-Offizier zu werden, da hatte dies nicht zur Folge, daß
nun wenigstens hier der Kastengeist der traditionsreichen
preußischen Armee aufgelockert wurde: das Gegenteil war
der Fall. Die bürgerlichen Kapitänleutnants, Kommodores
und Admirale wollten sich noch standesbewußter geben als
ihre Kameraden in den Heeresgarnisonen von Lötzen bis
Saarlouis.

Das war verhängnisvoll für die Harmonie auf den Schiffen. Dort brauchte man vor allem hochqualifizierte Ingenieure, studierte Männer, die auch darauf sehen mußten, daß
sie durch emsige Weiterbildung mit dem technischen Fort-

schritt mitkamen. Die See-Offiziere wollten mit diesen Leuten nicht auf gleicher Stufe stehen. Auch Hipper wollte das nicht. Als ein Flottillen-Ingenieur um die Erlaubnis nachsuchte, zur Offiziersmesse zugelassen zu werden, erteilte ihm der Weilheimer Sohn eines Gemischtwarenhändlers am 16. Februar 1916 eine Rüge. In einem Bericht an Scheer begründete Hipper seine Haltung, Scheer stimmte ihm zu. Hipper wurde nach der Skagerrak-Schlacht in den persönlichen Adelsstand erhoben, Scheer lehnte eine solche Beförderung ab. So vorbildlich die Hochseeflotte am 31. Mai 1916 gekämpft hatte, das Thema Gleichstellung der Tüchtigen blieb der Marine als ein umstrittenes erhalten. Es entstand ein Riß, der mitten durch die Schiffe ging. Der für die Disziplin zuständige Erste Offizier wußte oft gar nicht, was in den Maschinenräumen und vor den Heizkesseln geschah. Die Ingenieure hatten kein Interesse, ihm jede Disziplinlosigkeit – oder was ein See-Offizier dafür hielt – zu melden. Es ist mit Recht vermutet worden, daß solche Verhältnisse – nicht die Regel, aber auch keine Einzelfälle – zum Ausbruch der Meutereien von 1917 und 1918 beigetragen haben.

Seit dem 11. August 1918 war Hipper, zum Admiral befördert, Chef der Hochseeflotte. Für Ende Oktober plante er noch einmal eine Schlacht gegen die Grand Fleet. Sie sollte von Scapa Flow herab an die holländische Küste gelockt werden. Inzwischen hatte der Kaiser in Marinesachen schon nichts mehr zu sagen. Der Krieg, das wußten alle, war verloren. Worum es der Flotte ging, war ein ehrenvoller Abschied aus ihrer Geschichte.

Dazu kam es nicht mehr. Die Besatzungen der Schiffe weigerten sich, in See zu gehen. Ein Aufruf Hippers fruchtete nichts. Am 31. Oktober notierte der Admiral in sein Tagebuch: »Welch fürchterliche Tage habe ich hinter mir. Ich hatte wirklich nicht geglaubt, daß ich wieder zurückkehren würde, und unter welchen Umständen tue ich es. Unsere Leute haben gestreikt. Ich hätte das Unternehmen, selbst wenn es durch die Witterungsumstände möglich gewesen wäre, nicht durchführen können.«

Hipper, der vordem einmal für große Härte im Umgang mit den »Unruhestiftern« eingetreten war, bemühte sich nun, einen geordneten Übergang zu den neuen Machtverhältnissen in der Flotte zu ermöglichen. Da die Schiffe an die Briten auszuliefern und somit zunächst nach Scapa Flow zu überführen waren, brauchte man die Besatzungen noch. Als dann am 19. November 1918 die Hochseeflotte zum letzten Mal Wilhelmshaven verließ und Richtung Norden dampfte, die Aufklärungsstreitkräfte mit der »Seydlitz« an der Spitze, insgesamt eine Marschformation von fünfzig Kilometern Länge, da standen dem 55 Jahre alten Bayern die Tränen in den Augen: »Mir zerreißt's das Herz.« So steht es in Hippers Tagebuch: »Damit hat meine Tätigkeit als Flottenchef ein ruhmloses Ende gefunden.«

Nach achtmonatiger Wartezeit in Scapa Flow versenkte sich die unter dem Kommando Vize-Admiral Reuters stehende Flotte vor dem schottischen Stützpunkt der Grand Fleet am 17. Juni 1919 selbst. Die Besatzungen der Schiffe mußte noch mehr als sieben Monate Gefangenschaft abbüßen und kehrte am 31. Januar 1920 nach Deutschland zurück. Sie wurden jubelnd begrüßt. Die Marine schien ihre Ehre wiederhergestellt zu haben.

Franz Ritter von Hipper aber hatte am 30. November 1918 seinen Posten bei der Hochseeflotte aufgegeben. Am 13. Dezember wurde er auf sein Abschiedsgesuch durch Verfügung eines Staatssekretärs mit der gesetzlichen Pension zur Disposition gestellt. Sein Kommentar dazu: »Gott sei Dank.«

Hipper ging nicht nach Bayern zurück. Er zog nach Othmarschen an der Elbe und lebte dort zurückgezogen das Leben eines Junggesellen. Er verreiste nur, um auf die Jagd zu gehen. In einem nahegelegenen Wirtshaus spielte er regelmäßig Skat. Man versuchte, ein Zusammentreffen mit David Beatty zu arrangieren, den sein König zum Earl gemacht hatte, dazu waren ihm 100 000 Pfund überwiesen worden – Jellicoe mußte sich mit dem Titel Viscount und 50 000 Pfund zufrieden geben.

Aber Hipper wollte nicht. Den Krieg hatten die anderen gewonnen, die Flotte war verloren, das Reich war untergegangen. Was sollte er da zu jemandem sagen, den er in der Schlacht besiegt hatte. Das Dilemma von Selbstbewußtsein und Niederlage war nicht zu lösen. Dahinter stand die Frage, die sich schon damals und seither immer wieder so stellte: Wozu das Ganze? Wozu war die Flotte gut gewesen? Was bedeutete die Schlacht?

Corelli Barnett schreibt: »Die Grundwahrheit über die Deutsche Hochseeflotte lautete, daß sie niemals hätte gebaut werden sollen.« Das ist ein Dictum von der Art, die gern unkommentiert bleiben möchte. Allein, man kann die Frage stellen: Was wäre denn 1914 gewesen, wenn die Deutschen die Flotte nicht gehabt hätten? Wäre dann Großbritannien nicht in den Krieg eingetreten? Wäre dann die Grand Fleet auch in ihren Stützpunkten geblieben? Man muß wohl beide Fragen mit Nein beantworten. Man kann der Berliner Politik unter Kaiser Wilhelm II. vorwerfen, daß sie arrogant war, daß sie mutwillig auf den Krieg zusteuerte, daß sie, als der Krieg ausbrach, wenig dafür tat, ihn zu begrenzen. Aber man kann ihr nicht vorwerfen, daß sie die Gründe geschaffen hat, die London veranlaßten, mit den Franzosen die Entente cordiale, das Bündnis zu schließen, das zuletzt Rußland, Frankreich und das Britische Weltreich im Kampf gegen Deutschland vereinte. Der Bruch der belgischen Neutralität im Zuge des deutschen Vorstoßens nach Nordfrankreich gemäß dem Schlieffenplan war nur ein Vorwand, allerdings ein guter. Die Grundwahrheit über Englands Teilnahme am Ersten Weltkrieg ist, daß London es nicht zulassen konnte, daß auf dem Kontinent durch einen Krieg eine deutsche Hegemonie oder etwas, das danach ausgesehen hätte, entstand.

Die deutsche Politik vor 1914 hätte die Kunst beherrschen müssen, einen Krieg mit Frankreich und Rußland zu vermeiden. Aber diese Kunst beherrschte sie nicht. Und vorzuwerfen ist ihr, daß sie dies auch nicht wollte. Insofern aber für das Deutsche Reich mit Großbritannien als Kriegsgegner zu rechnen war, konnte man es nicht riskieren, gegenüber der stärksten Waffe Londons, der Flotte, völlig wehrlos zu sein. Ansonsten hätte die Grand Fleet nach Belieben, den Wünschen der Russen entsprechend, in der Ostsee operieren können. Und diese Wünsche aus St. Petersburg gab es nach 1914 massiv. Auch Angriffe auf deutsche Küstenstädte wären nicht abzuwehren gewesen. Minen, U-Boote und Torpedoboote hätten allein dazu nicht gereicht. Das Deutsche Reich baute also eine Flotte, deren Zweck es war, eine Teilnahme Großbritanniens an einem Krieg für die Politik Londons riskant zu machen. Daher der Name »Risiko-Flotte«. Das sollte nicht heißen, daß die Flotte so stark sein sollte, mit England im Kampf um die Weltmeere in Konkurrenz zu treten. Das Ziel war bescheidener: London möge bedenken, daß ein Krieg gegen Deutschland, bei dem nicht viel zu gewinnen wäre, für das Land immerhin das Risiko in sich berge, so geschwächt daraus hervorzugehen, daß man anschließend seine Weltmachtstellung kaum mehr würde behaupten können.

Ein solches Ziel zu verfolgen, hätte viel Behutsamkeit erfordert. Eben dazu war Wilhelm II. nicht fähig, darauf verstand sich auch die deutsche Politik nicht. Man stand in Berlin derart im Bann der eigenen imperialistischen Interessen, daß man London nichts anderes zutraute. Nun war es aber mit der englischen Politik wie mit der englischen Flotte: Zwar mochten das Personal und die Formen alt aussehen, reaktionärer als die deutschen Pendants – die Interessen und die sie begleitenden Gedanken waren es nicht. Die englische Gesellschaft war in stärkerem Maße als die deutsche eine Klassengesellschaft, aber die Politik Londons war eine in demokratischen Formen, das Personal, ganz gleich, mit welchen anachronistischen Grillen es beschäftigt war, nutzte die Chancen, die in demokratischen Formen von Politik liegen. Man lehnte die Ansprüche und Allüren des jungen deutschen Reichs aus ganz naheliegenden Gründen, auch aus solchen des Geschmacks ab. Man mißtraute der wirtschaftlichen Dynamik des neuen Konkurrenten auf dem Weltmarkt und orientierte sich, was die Pflege gemeinsamer Interessen betraf, lieber bei den Gegnern der Deutschen. Man hatte ein so glanzvolles imperialistisches Gestern und Heute, daß man sich wegen der Ambitionen der Deutschen keine Gedanken um das imperialistische Morgen machte. Und wenn man sich ernsthaft die Frage stellte: »Wie wollen wir leben?«, dann lautete die Antwort: »Nicht so, wie die Deutschen!« Das bedeutete für die Politik: »Mit den Deutschen verlieren wir. Gegen die Deutschen gewinnen wir.«

Die Geschichte nach dem Ersten Weltkrieg hat, was Großbritannien angeht, der Londoner und der Berliner Politik recht gegeben. Die Engländer verloren, wie es die Deutschen ihnen hatten zu bedenken geben wollen, erst ihre Weltmachtstellung, dann ihr Weltreich. Aber die Deutschen selbst, da sie als politisch reaktionäre und damit strukturell unterlegene Macht den Krieg nicht gewinnen konnten, verloren sehr viel mehr und verirrten sich einige Jahre später in die Hitler-Diktatur. Die Engländer gewannen den Krieg und behielten ihren Rang als eine der führenden, überall respektierten Nationen der Welt. Kein Volk hat so lange und so erfolgreich über sich selbst bestimmt wie die Engländer. Das trug schließlich auch zu ihrem Triumph im Zweiten Weltkrieg bei.

Helden können in der Erinnerung der Menschen kaum Helden bleiben, wenn sie auf der falschen Seite gekämpft haben. Und das zumal dann nicht, wenn sie in der Geschichte mit der Rolle, die sie darin spielten, einen Rang einnahmen, der ihnen Einsicht in die politischen Verhältnisse und in die Kräfteverhältnisse unter den am Spiel Beteiligten abverlangen durfte. Mutig war Hipper in der Skagerrak-Schlacht gewesen. Auch war ihm stets klar gewesen, daß er nur Teilerfolge gegen die Briten auf See erzielen konnte. Er hatte die Grand Fleet am 31. Mai 1916 nicht zu treffen erwartet. Über seine Leistung in der Schlacht schrieb zuletzt der amerikanische Historiker – und Pulitzerpreis-Gewinner – Robert K. Massie im jüngsten der seit Jahrzehnten kontinuierlich erscheinenden englischsprachigen Bücher über die »Battle of Jutland«: »Hipper machte keine Fehler bei Jütland und war der einzige vor Ort führenden Admirale, der mit unbeschädigter Reputation davon kam.«

Aber eben auch nicht als Sieger. Zwar behauptete Winston Churchill, die Grand Fleet habe gewonnen, weil die Hochseeflotte schwer angeschlagen Monate brauchte, um in ihren Docks repariert zu werden, wohingegen die Briten von ihren Stützpunkten aus die Blockade der Nordsee ohne Einschränkungen mit einer nun noch stärkeren Flotte fortsetzen konnten. Doch das hatten die Briten vorher auch schon tun können, dafür hätten sie nicht zum Skagerrak fahren müssen. Dazu brauchte man überhaupt nicht mehr als sechstausend Mann in den Tod gehen zu lassen. Tatsächlich war es die Grand Fleet gewesen, von der wenigstens für diesen Krieg bewiesen worden war, daß man sie nicht brauchte. Großbritannien erkämpfte den Sieg auf dem Land, mit Landtruppen, verlor Hunderttausend Mann allein in der Schlacht an der Somme und hätte als Landmacht den Krieg verloren, wenn ihm nicht die USA zur Hilfe gekommen wären. Aber es bedeutet für das Ansehen Hippers nichts, daß er sich gut in einer für London überflüssigen Schlacht gehalten hatte.

Die Deutschen hätten den Krieg mit England in der Reihe ihrer Gegner ohne Flotte nicht gewinnen können. So, wie sich die Dinge gestalteten, war er aber auch mit Flotte nicht zu gewinnen. Freilich hatte man in Berlin darauf gesetzt, nur einen sehr kurzen Krieg führen zu müssen. Dann hätte die in der Ferne von der englischen Flotte – für die Deutschen unerreichbar – durchgeführte Blockade keine Rolle gespielt. Aber nach dem Scheitern der Westoffensive, als es nicht gelungen war, die alliierten Truppen in Nordfrankreich von Westen her zu umfassen und zur Aufgabe zu zwingen, war klar, daß es ein langer Krieg werden würde. Jetzt – und nachdem die Russen in der Schlacht bei Tannenberg schwer geschlagen worden waren – hätte man sofort Frieden anbieten müssen. Als dies nicht geschah, entstand für Deutschland eine Situation, in der auch die Schlacht am Skagerrak sinnlos war.

Der legendäre Chef des Großen Generalstabs Graf Schlieffen (1833 – 1913), der sich mehr als zwanzig Jahre lang mit der Frage beschäftigte, ob und wie das Deutsche Reich einen drohenden Zwei-Fronten-Krieg gewinnen könne, hatte gemahnt: »Wenn es uns in dem über uns hereinbrechenden Krieg nicht gelingt, unsere Feinde im Westen in der ersten Schlacht vernichtend zu schlagen, so könnten sich die Folgen bei einem jahrelang sich hinziehenden Krieg Kriege leicht zu einem zweiten Jena ausweiten.« Bei Jena und Auerstädt hatte Napoleon den Preußen 1806 ihre schwerste Niederlage beigebracht. Eine düstere Prophezeiung als diese konnte es im Berlin der Hohenzollern kaum geben.

Hipper starb zurückgezogen 1932. An Diskussionen über den Krieg beteiligte er sich nicht. Auch schrieb er, eine seltene Ausnahme im Kreis geschlagener deutscher Generale und Admirale aus zwei Weltkriegen, seine Memoiren nicht. Seine Leiche wurde im Krematorium von Ohlsdorf bei Hamburg eingeäschert, die Urne nach Weilheim überführt. Als Hitlers Marine neue Panzerschiffe bauen ließ, gab es auch einen »Hipper«, ja, eine ganze Klasse von Schiffen trug diesen Namen. Sie endeten ruhmlos. Ihr Krieg hatte mit der Geschichte ihres Namensgebers nichts mehr zu tun.

Ernst Jünger

Der Erlebnisbericht eines Stoßtruppführers aus dem Ersten Weltkrieg, erschienen 1920 zuerst im Selbstverlag, wurde eines der meist beachteten, auch als literarisches Ereignis hochgelobten Bücher des 20. Jahrhunderts. »In Stahlgewittern«, der Titel des Buches, war bald ein Schlagwort: Sein Autor, Ernst Jünger, schrieb hernach noch achtzig Jahre lang ambitionierte Bücher, von denen etliche imstande waren, einen neuen Ruhm an seinen Namen zu heften, so der umfangreiche Essay »Der Arbeiter – Herrschaft und Gestalt« von 1932, der düstere Roman »Auf den Marmorklippen« von 1939, das Tagebuch aus den Jahren des Zweiten Weltkriegs und seiner Zeit als Besatzungsoffizier in Paris, »Strahlungen« (1949) und schließlich die fünf Tagebuchbände »Siebzig verweht«, die 1980, als er 85 Jahre alt war, zu erscheinen begannen und die der Philosoph Hans Blumenberg ein grandioses Alterswerk nannte.

Manche haben sich gefragt, welcher Ruhm denn wohl der tragende beim Namen Ernst Jüngers sei: der des hochdekorierten Frontsoldaten in den mörderischen Materialschlachten von 1917/18 oder der des Schriftstellers, der all die Jahrzehnte seinen eigenen Weg ging wie sonst nur wenige. Die Ausgabe der »Stahlgewitter« von 1925, wie der Autor mitteilt, um der literarischen Form willen stilistisch neu gefaßt, endet mit dem Aufruf: »Deutschland lebt und Deutschland soll nicht untergehen!« In der Fassung der zweiten, der letzten Ausgabe seiner »Sämtlichen Werke« im Band I (1978) schließt das Buch mit dem Telegramm, das der Divisionsgeneral (von Busse) am 22. September 1918 seinem Leutnant schickt: »Seine Majestät der Kaiser hat Ihnen den Orden Pour le mérite verliehen. Ich beglückwünsche Sie im Namen der ganzen Division.«

Diese Änderung enthält einige Hinweise. Einer davon besagt: Der Autor will sich von der nationalistischen Publizistik der 20er Jahre verabschieden; er tilgt sie aus seinem offiziellen Werk. Das ganze Buch, das unterdessen weltberühmt gewordene Buch, läuft nun auf die Auszeichnung des Autors mit dem höchsten Orden des Ersten Weltkriegs auf deutscher Seite zu. Man muß nicht nur an die aufsässigen Artikel des Publizisten Ernst Jünger vor 1933 denken, man darf auch das Reden vom Anarchen, dem Anarchisten ohne Programm und Verein, erinnern, wie Jünger ihn nach 1945 kultivierte, um verblüfft festzustellen, daß in dieser neuen Dramaturgie eine Anerkennung autoritärer Anerkennung liegt.

Aber es ist in den »Stahlgewittern« tatsächlich einige Male von Orden die Rede und davon, daß sie dem Soldaten Jünger doch einiges bedeuten. Es liegt darin ein Widerspruch zu der wüsten Realität der Materialschlacht, in der es auf den Einzelnen, seine Umsicht, seine Tapferkeit, seine Bereitschaft zur Pflichterfüllung nicht mehr anzukommen scheint. Das Überleben der Kämpfenden bei Angriff oder Verteidigung hat, so gerade der Eindruck auch nach Jüngers Erzählungen, mehr mit Glück als mit Entschlossenheit und Gewandtheit zu tun. Jüngers Leute, seine Unteroffiziere, seine Offizierskameraden werden, kaum daß der Leser ihre Namen erfahren und behalten hat, auch schon getötet. Daß er selber – obgleich vierzehn Mal verwundet – durchkommt, erscheint wie ein Zufall. Aber, schreibt Jünger, als er wieder einmal knapp dem Tod entgangen ist, weil er beim Vormarsch kurz und beiläufig für einige Sekunden aufgehalten wurde, man registriert das nicht als Zufall. Auch der Gefreite Adolf Hitler, Meldegänger an der Westfront, tat das nicht. Als Jünger »zum ersten Mal mit der verheerenden Wirkung der Materialschlacht bekannt« gemacht wird, notiert er: »Wir mußten uns ganz neuen Formen des Kriegs anpassen. Jede Verbindung der Truppe mit der Führung der Artillerie und den Anschlußregimentern war durch das furchtbare Feuer lahmgelegt. Die Meldeläufer fielen dem Eisenhagel zum Opfer, der Telephondraht war, kaum gezogen, bereits in kleine Stücke zerhackt. Selbst die Blinkzeichen der Signallampen versagten in dem dampf- und staubüberwölkten Gelände. Hinter der vorderen Linie erstreckte sich eine kilometerbreite Zone, in der nur der Sprengstoff herrschte.« (1925)

Hier gab es aber auch kaum noch ein Vorrücken, ein erfolgreiches Durchbrechen gar von großen Verbänden. Jeder Versuch, die Front in Bewegung zu bringen, endete für den Angreifer mit horrenden Verlusten. So war die Kampflinie nach dem Scheitern des Schlieffenplans und dem Wettlauf zur Kanalküste 1914 zum Stillstand gekommen. Es hatte sich eine Routine von zermürbendem Aufenthalt in den vorderen Linien, Ablösung, Aufenthalt in Ruheräumen und neuerlichem Einrücken in die verwirrenden Systeme der Schützengräben entwickelt. Weit hinter dieser Front taten die Artilleristen ihre Arbeit, sie bekamen von dem, was ihre Geschütze bewirkten, gar nichts mit. Die weitaus meisten Toten an der Front gab es aber durch ihre Granaten.

Gegen solche Routine dann – und vielleicht war Mißfallen an der Routine auch das wichtigste Motiv – entwickelte sich das Neue. Kleine Trupps, aus Freiwilligen zusammengestellt, besonders kühne Männer gingen vor, um Berührung mit dem Feind zu bekommen – von dem, wie Jünger stets anerkennend vermerkt, bald bekannt wurde, daß in dessen Reihen sich ebenso tapfere Soldaten befanden wie in den eigenen. Jünger bewunderte vor allem die Briten. Zunächst waren es Spähtrupps, die vorgingen. Sie sollten zu erkunden suchen, wie die Stellung des Feindes angelegt war, was für Truppen sich dort versammelten, welche Pläne man hatte. Da reichte es nicht, bloß nahe heran zu kommen und hinzugucken. Man mußte versuchen, Gefangene zu machen, und man mußte versuchen, sich in den Besitz aussagekräftiger Papiere zu bringen. Dazu mußte man in die vordersten Stellungen überraschend eindringen, die Besatzungen zur Flucht bewegen oder töten und den Offizieren ihre Befehlsunterlagen abnehmen.

Als klar wurde, wie viel damit zu erreichen war, begann man solche Möglichkeiten des Vorstoßes taktisch zu entwickeln. Vor allem aber fing man an, sie sorgfältig vorzubereiten.

Am 10. September 1917 bekam Jünger von seinem Regimentskommandeur den Auftrag, »eine gewaltsame Aufklärung« zu unternehmen: »Suchen Sie sich die geeigneten Leute aus und üben Sie mit ihnen unten im Sousloeuvre-Lager.«

Jünger schreibt: »Wir sollten an zwei Stellen in den feindlichen Graben eindringen und versuchen, Gefangene zu machen. Die Patrouille zweigte sich in drei Teile, zwei Stoßtrupps und eine Abteilung, die die erste feindliche Linie besetzen und uns den Rücken decken sollte. Ich übernahm außer dem Oberbefehl die Führung des linken Trupps, den rechten wies ich dem Leutnant von Kienitz zu.« (Ausg. 1978)

Als Freiwillige aufgerufen werden, meldet sich Dreiviertel des Bataillons. Jüngers Trupp besteht schließlich, er selbst eingeschlossen, aus 14 Mann: »Die tollsten Draufgänger des zweiten Bataillons hatten sich zusammengefunden.« Es folgen zehn Tage Training. Man probt an nachgebauten Sturmwerken. Durch Splitter werden drei Mann verletzt. Ansonsten gab es keinen regulären Dienst für diese Leute. Jünger spricht von einer »verwilderten aber brauchbaren Bande«, als deren »Meister« er schließlich loszieht:

»Ich hatte eine dem Handwerk, das wir auszuüben gedachten, angemessene Arbeitstracht angelegt: vor der Brust zwei Sandsäcke mit je vier Stielhandgranaten, links mit Aufschlag-, rechts mit Brennzünder, in der rechten Rocktasche eine Pistole 08 am langen Bande, in der rechten Hosentasche eine kleine Mauserpistole, in der linken Rocktasche fünf Eierhandgranaten, in der linken Hosentasche Leuchtkompass und Trillerpfeife, am Koppel Karabinerhaken zum Abreißen der Handgranaten, Dolch und Drahtschere. In der inneren Brusttasche steckte eine gefüllte Brieftasche und meine Heimatanschrift, in der hinteren Hosentasche eine platte Flasche von Cherry-Brandy.« Uniformteile, die die Regimentszugehörigkeit verrieten, waren abgelegt. Als Erkennungszeichen trugen die Soldaten eine weiße Binde.

Es kam nicht viel heraus bei diesem Unternehmen. Von Jüngers Trupp kehrten nur vier Mann zurück. Auch die anderen hatten schwere Verluste gehabt. Der Generalstabsoffizier der Division war unzufrieden. Der Frontsoldat durfte darüber staunen, wie wenig Ahnung man in der Etappe von dem Wirrwarr in den Schützengraben und Lauflinien hatte.

»Ich habe« erinnert sich Jünger, »im Kriege manches Abenteuer bestanden, doch keins war unheimlicher. Noch immer gerate ich in eine beklommene Stimmung, wenn ich an unseren Irrweg durch die unbekannten, vom kalten Frühlicht erhellten Gräben zurückdenke.« Und er fügte später hinzu: »Es war wie in einem labyrinthischen Traum.«

Es war vor allem nicht das gewesen, was man auf dem Kasernenhof oder in Offizierslehrgängen lernte. Schon die Sprache, die der Autor wählt, weicht vom Militärischen ab, ironisch zwar, aber von einem neuen Selbstbewußtsein angeregt. Zwei Momente sind es, die nun in der Schilderung der Aktionen immer wichtiger werden. Das Selbstbewußtsein der Stoßtruppkämpfer – sie bereiten sich auf ihre Einsätze vor wie Sportler auf einen Wettkampf oder Spezialisten auf eine Sonderaufgabe. Und die veränderte Psyche der Kämpfer während des Einsatzes. Gern und nicht ohne Grund hebt Jünger in den »Stahlgewittern« immer wieder hervor, wie sehr ihm als Soldat an einer ritterlichen Kampfführung gelegen war. »Es ist im Krieg immer mein Ideal gewesen«, heißt es schon 1925, »den Gegner unter Ausschaltung jedes Haßgefühls nur im Kampfe als solchen zu betrachten und ihn als Mann seinem Mute entsprechend zu werten. Ich habe gerade in diesem Punkte unter den englischen Offizieren viele verwandte Naturen kennengelernt.«

In der letzten Ausgabe der »Sämtlichen Werke« liest man: »Ich war im Krieg immer bestrebt, den Gegner ohne Haß zu betrachten und ihn als Mann seinem Mute entsprechend zu schätzen. Ich bemühte mich, ihn im Kampf aufzusuchen, um ihn zu töten, und erwartete auch von ihm nichts anderes.«

Die Wirklichkeit sieht dann so aus: »Wir konnten von unserem erhöhten Standpunkt den Engländern, die vor Eile und Aufregung stolperten, direkt auf die Stahlhelme sehen. Ich schleuderte den Vordersten eine Handgranate vor die Füße, so daß sie stutzend stehen blieben, und die ihnen Folgenden eingekeilt wurden. Nun entstand eine unbeschreibliche Vernichtung; Handgranaten flogen wie Schneebälle durch die Luft, alles in weißlichen Qualm hüllend. Zwei Leute reichten mir ununterbrochen fertige Wurfgeschosse zu. Zwischen den zusammengeballten Engländern zuckten Blitze auf, Fetzen und Stahlhelme hochschleudernd. Wut- und Angstgebrüll mischte sich. Feuer vor den Augen sprangen wir schreiend auf den Grabenrand.« (1925)

Bei dieser Begegnung im Rahmen der Schlacht bei Cambrei wurden »in diesem mörderischen Grabenstückchen« (1925 und 1978) Jüngers sämtliche Unteroffiziere und ein Drittel seiner Kompanie getötet, ebenso ein Leutnant der Reserve, von Beruf Lehrer. Das letztere ist Jünger der Erwähnung wert – und das gehört zu den unspektakulären Besonderheiten des Ersten Weltkriegs. Auch Wilhelm Groener, der General der den Rückzug 1918 organisierte, und in der Weimarer Republik Reichswehrminister wurde, schrieb 1917 an seine Frau von einem Truppenbesuch: »Die Leutnants sind durchweg sehr nette Leute, fast alles Reserveoffiziere; aktive gibt es nur noch wenige. Als besonders tüchtig werden mir die Volksschullehrer genannt.«

An die Begegnung mit den Engländern schließt Jünger die Sätze an, mit denen er seinen Ruhm als Frontsoldat des Ersten Weltkriegs emphatisch erläutert: »Auch das moderne Gefecht hat seine großen Augenblicke«, schreibt er 1925: »Man hört so oft die irrige Ansicht, daß der Industriekampf zu einer uninteressanten Massenschlächterei herabgesunken ist. Im Gegenteil, heute mehr denn je entscheidet der Ein-

zelne. Das weiß jeder, der sie in ihrem Reich gesehen hat, die
Fürsten des Grabens mit den harten entschlossenen Gesichtern, tollkühn, so sehnig, geschmeidig vor- und zurücksprin-
gend, mit scharfen blutdürstigen Augen, Helden, die kein
Bericht nennt. Der Grabenkampf ist der blutigste, wildeste
von allen, doch auch er hat seine Männer gehabt, Männer,
die ihrer Stunde gewachsen waren, unbekannte, verwegene
Kämpfer. Unter allen nervenerregenden Momenten des Krieges ist keiner so stark, wie die Begegnung zweier Stoßtrupp-
führer zwischen den engen Lehmwänden des Grabens. Da
gibt es kein Zurück und kein Erbarmen. Blut klingt aus dem
schrillen Erkennungsschrei, der sich wie Alpdruck von der
Brust ringt.«

Diese Passage ist in der Ausgabe von 1978 sehr ge-
schrumpft. Die Betrachtung über den Charakter des modernen Gefechts fehlt ganz, von großen Augenblicken ist nicht
mehr die Rede, von Helden auch nicht. Die Aufmerksamkeit
gehört allein den Stoßtruppführern – und den Männern, die
kein Bericht nennt.

Das nun galt für Jünger nicht. Seine Kompanie wurde
besonders belobigt. Sie hatte zwar die Hälfte ihrer Leute verloren, dafür aber zweihundert Gefangene gemacht, etliches
an Waffen und Material erbeutet und – ein langes Graben-
stück erobert. Jünger bekam nicht nur das Ritterkreuz des
Hausordens von Hohenzollern mit Schwertern, worauf er
stolz war, sondern auch, gestiftet von den drei anderen Kom-
panieführern des Bataillons, einen silbernen Pokal mit der
Inschrift: »Dem Sieger von Moevres«. Es hätte auch ein
Sportfest sein können. Über den Abstand von beinahe fünf
Jahrzehnten ist in der Passage über das Gemetzel in den Gräben das Wort »Fürsten« stehen geblieben. Da hat Jünger

gewiß nicht an einen der Hohenzollern gedacht. In der Sprache dieser Betrachtung schlägt hier vielmehr das Erbe der Jugendbewegung durch, die Sprache des »Zupfgeigenhansel«: »Wilde Gesellen vom Sturmwind durchweht / Fürsten in Lumpen und Loden« lautete der Refrain eines Liedes, das Franz Sotke (geb. 1902) 1923, also nach den „Stahlgewittern" drucken ließ. In einem Piratenlied der unruhigen Bürgerkinder heißt es: »Wir sind die Fürsten der Welt / Die Könige auf dem Meer«.

Der Schriftsteller Ernst Jünger debütierte 1911 als Lyriker der Jugendbewegung. Seine erste Publikation ist ein Gedicht: »Noch eh' der erste Hahnenschrei verklungen, / Erhebt der Wandervogel sich vom Stroh«. Den 1895 in Heidelberg geborenen, aber in Hannover aufgewachsenen Sohn eines Apothekers drängte es zu Abenteuern. Das war eine Folge der Karl May-Lektüre, aber nicht nur: neben den Lederstrumpf-Erzählungen Coopers wird auch Cervantes genannt, dessen Don Quichotte den Jungen beschäftigt. Er ist ein schlechter Schüler, muß oft die Schule wechseln. Die Schwierigkeiten kommen daher, daß er im Unterricht nicht aufpaßt, mit seinen Gedanken woanders ist. Er ist oft nicht bei der Sache, aber er ist kein Träumer. Mit 18 Jahren macht er Ernst, er fährt nach Frankreich und meldet sich zur Fremdenlegion. Über diese Episode hat Jünger eines seiner schönsten Bücher geschrieben: »Afrikanische Spiele« (1936). Dort allerdings ist der Ausreißer erst 16 Jahre alt. Vielleicht meinte Jünger damals selbstkritisch, ein solches Alter sei für die Verrücktheit, die er beging, angemessener. Jünger hat auch hier Glück. Er trifft auf Menschen, die ihn vor allzu groben Erfahrungen bewahren, seinem Vater gelingt es mit Hilfe des Auswärtigen Amtes, ihn nach Deutschland zurückzuholen.

Der Vater ist ein vernünftiger Mann. Er treibt seinen Sohn keineswegs in neuerliche Opposition, sondern nimmt ihm nur das Versprechen ab, jetzt konzentriert für das Abitur zu arbeiten. Der Ausbruch des Krieges verkürzt das Pflichtpensum. Jünger meldet sich sofort freiwillig zur Armee und macht in wenigen Tagen das Not-Abitur. Aber es haben sich zu viele gemeldet, als daß er sofort zum Zuge käme. Er muß warten und bereitet sich auf ein Studium in Heidelberg vor. Am 6. Oktober 1914 wird er dann zum Militär einberufen. Er kommt zum 73. Füsilierregiment in Hannover. Diese traditionsreiche Einheit hatte sich wenige Jahre vor Ausbruch der französischen Revolution – das Land Hannover war in Personalunion mit England verbunden – einen besonderen Namen gemacht: Das Hannoversche Garderegiment, so hieß es damals, hatte von 1779 bis 1783 Gibraltar gegen Franzosen und Spanier verteidigt. Seither trugen seine Soldaten an der Uniform die blaue Gibraltarbinde. Jünger ist 20 Jahre alt, als er im April 1915 zum ersten Mal die Schrecken einer Materialschlacht erlebt.

In dem zuletzt nicht mehr publizierten Vorwort zur ersten Auflage der »Stahlgewitter« will der Autor von Heldentum nichts wissen. Er nennt das Wort »wohlfeil«, auch »ausgelaugt«. Er schreibt hier: »Der Mensch neigt zur Idealisierung des Geleisteten, zur Vertuschung des Häßlichen, Kleinlichen und Alltäglichen. Unmerklich stempelt er sich zum ›Helden‹.« Er will keine »Heldenkollektion« vorlegen.

In dieser ersten Fassung liest sich der Text dann auch so: »Ran! Kein Pardon. Wut. Aus Stollen Schüsse, Handgranaten rein. Geheul. Über den Damm. Packe einen am Hals. Hände hoch! Sprungweise hinter Feuerwalze vor. Meide Kopfschuß. Sturm auf M.G.-Nest. Mann hinter mir fällt. Schieße Richtschützen ins Auge. Handgranaten. Drin! Allein, Streifschuß. Wasser, Schokolade, Weiter. Einige fallen. Zwei Mann laufen zurück, Kopfschuß, Bauchschuß. Bin grimmig. Engländer fliehen aus Baracken, einer fällt. Stockung, befehle Sturm gegen Dorfrand Vraucourt. Volltreffer, Verluste, Vor!«

Jünger zitiert diese Passage im Vorwort zur 5. Auflage seines Buches, um verständlich zu machen, weshalb er es so gründlich neu gefaßt hat. In Wahrheit hat er es näher an die traditionellen Erzählungen vom Krieg geschoben. Aber das Doppelgesicht seines militärischen oder kampfwütigen Selbstbewußtseins bleibt. Und dieses besteht nicht in der Gleichzeitigkeit vom Anspruch der Achtung vor dem Gegner und Sätzen wie »Da schießen sie noch, die verfluchten Schweine!«, die bis in die »Sämtliche Werke« überlebt haben.

Zu beachten ist die Gleichzeitigkeit von höchst professionellem Handeln und einem bis zur Ekstase entfesselten Temperament. Der Körper, so scheint es, handelt mit dem, was er militärisch gelernt hat, von selbst. Aber um die Dauer der Todesgefahr auszuhalten, hat sich das Bewußtsein ekstatisch gesteigert. Der Kämpfer ist nicht mehr bei sich selbst. Das schildert Jünger. Er wurde von seinen Soldaten der »ruhige Leutnant« genannt. Er kolportiert nicht ohne Behagen, daß die älteren unter ihnen ihm bescheinigten, er suche im Feuer die Deckung nicht zu früh auf, aber, wenn es wirklich ernst werde, sei er der schnellste dabei. Das alles bezeugt einen beherrschten Kopf, der den Leuten imponiert. Im Gefecht freilich kann ein anderes Vorbild ermutigend wirken, eines, das der Führer abgibt, ohne es in jedem Augenblick zu beherrschen. Jünger schildert das nicht an der eigenen Person, weil die sich an dergleichen kaum erinnern kann. Er beschreibt den Angriff, den andere führen, allen voran die

Ordonanz eines Kompaniechefs, »die wie ein Berserker wütete.« So die Fassung von 1978. In der von 1925 stand erheblich drastischer: »Aus allen Trichtern erhoben sich nun gewehrschwingende Gestalten und rannten mit rollenden Augen und schäumendem Munde unter furchtbarem Hurragebrüll gegen die feindlichen Stellungen an, aus der die Verteidiger zu Hunderten mit hocherhobenen Händen hervorkamen. Pardon wurde nicht gegeben.« Jünger erläutert, warum in dieser Situation die Wehrlosen doch getötet werden. Es »muß ein Verteidiger, der dem Angreifer bis auf fünf Meter seine Geschosse durch den Leib jagt, die Konsequenzen tragen. Dem Kämpfer, dem während des Anlaufs ein blutiger Schleier vor den Augen wallte, kann seine Gefühle nicht mehr umstellen. Er will nicht gefangen nehmen; er will töten. Er hat jedes Ziel aus den Augen verloren und steht im Banne gewaltiger Umtriebe. Erst wenn Blut geflossen ist, weichen die Nebel aus seinem Hirn.« (1925) Erst danach sei der Kämpfer wieder ein moderner Soldat, der eine neue taktische Aufgabe zu lösen bereit sei.

Dieses Doppelgesicht des Frontsoldaten kann in einer Geste sichtbar werden, die manische Besessenheit, aber auch überlegene Ruhe ausdrücken mag. Sie begegnet dem Leser in einer Szene, aus der einer der meist genannten, den Autor charakterisierenden Zitate des Buches stammt.

Am 21. März 1918, im Rahmen der letzten großen Offensive des Deutschen Heeres im Krieg, mußte Jünger seine Kompanie in der vordersten Linie zum Angriff führen. Schon beim Anmarsch kam es unter Artilleriebeschuß zu entsetzlichen Verlusten: »Vor einer halben Stunde noch an der Spitze einer kriegsstarken Kompanie, irrte ich nun mit wenigen, völlig niedergeschlagenen Leuten durch das Grabengewirr. Ein Milchgesicht, das erst vor wenigen Tagen, von seinen Kameraden verspottet, beim Exerzieren der schweren Munitionskästen wegen geweint hatte, schleppte nun diese Last, die es aus dem furchtbaren Angriff gerettet hatte, auf unseren mühsamen Wegen mit. Diese Beobachtung gab mir den Rest. Ich warf mich zu Boden und brach in ein krampfhaftes Schluchzen aus, während die Leute düster um mich herumstanden.« (1978)

Im Zuge des Angriffs am nächsten Tag geraten die Einheiten, die vorrücken, rasch durcheinander. Schließlich ist nur noch ein Mann aus Jüngers Kompanie bei ihm. »Die rechte Hand«, beschreibt sich Jünger nun, »hielt den Pistolenschaft umklammert, die linke einen Reitstock aus Bambusrohr. Noch trug ich, obwohl mir sehr heiß war, den langen Mantel und, der Vorschrift entsprechend, Handschuhe. Im Vorgehen erfaßte uns ein berserkerhafter Grimm. Der übermächtige Wunsch zu töten beflügelte meine Schritte. Die Wut erpresste mir bittere Tränen.« (1978)

Und auch der letzte seiner Begleiter wird in den folgenden Minuten tödlich getroffen. Jünger stößt in einem Graben auf einen englischen Offizier, er läßt ihn am leben, als der ihm eine Fotographie seiner Familie zeigt. »Ich bezwang meine irrsinnige Wut und schritt vorüber.« (1925) Jetzt stoßen auch Soldaten seiner Kompanie wieder zu ihm. »Mir war glühend heiß. Ich riß den Mantel herunter und schleuderte ihn fort. Ich weiß noch, daß ich einige Male sehr energisch rief: ›Jetzt zieht Leutnant Jünger seinen Mantel aus‹ und die Füsiliere dazu lachten, als ob ich den köstlichsten Witz gemacht hätte.« (1978 wie 1925)

Jüngers Geste kann als Beweis von Kaltblütigkeit aufgefaßt werden – und das tun seine Soldaten wohl auch –, aber so erzählt sie Jünger nicht. Er schreibt, daß er den Satz einige Mal wiederholte und er bemerkt: ich weiß noch. Es ist sehr wahrscheinlich, daß sich der Leutnant da schon innerlich von dem abgesetzt hatte, was er sehen mußte. Er brachte sich in ein automatisches Handeln und ermutigte auf diese Weise seine Untergebenen, die sich an das Humorige der Geste halten konnten und ihren Zwangscharakter gegen den so Handelnden selbst nicht bemerkten.

Der Tag endete mit einer weiteren schweren Verwundung Jüngers. Auf Genesungsurlaub in Hannover erfährt er, wer von seinen Bekannten in der Schlacht gefallen ist. Aus den Nachrichten, aber auch aus englischen und französischen Zeitungen, die er später bei einem Besuch in Berlin in den Cafés liest, erfährt er, daß der große Angriff, den die Schlacht hatte einleiten sollen, gescheitert ist. Von da an, schreibt Jünger, habe er es für möglich gehalten, daß der Krieg verloren gehe.

Der Friedensvertrag von Versailles erlaubte dem Deutschen Reich nur ein Heer von 100 000 Mann Stärke. Jünger gehört zu den wenigen, die in die neue Reichswehr übernommen werden. Zeitweilig ist er zum Reichswehrministerium in Berlin abkommandiert. Er arbeitet an den neuen Gefechtsvorschriften für die Infanterie mit. Aber 1923 verläßt er das Hunderttausend-Mann-Heer. Der Held wird Zivilist.

Jünger hatte bis dahin zwei Bücher publiziert; jetzt nahm er ein naturwissenschaftliches Studium auf. Ein Held war er für die Frontsoldaten gewesen und für die, die es immer blieben. Jünger vermied es, in allzu enge Verbindung zu den Putschisten und Freikorpsmännern zu kommen, die ihn als Held verehrten. Aber als er nach wenigen Semestern das Studium aufgab, um fortan als unabhängiger Publizist zu leben, da waren es die Feinde der Weimarer Republik von rechts, die durch ihn wirksame Verstärkung erhielten. Es zeichnete sich schon hier die Haltung ab, die auch Jüngers Verhältnis zur Diktatur der Nationalsozialisten bestimmte: Er wollte durchaus als Held des Ersten Weltkriegs auftreten und so sein Spiel spielen. Aber er wollte nicht, daß andere mit seiner Heldenrolle kalkulierten. Er ließ sich nicht als Held mißbrauchen. Die Frage bleibt allerdings, ob er selbst immer von seinem hohen Ansehen den richtigen Gebrauch machte.

Der Psychoanalytiker Alexander Mitscherlich, der für kurze Zeit in Jünger einen Mentor hatte, behauptet in seinen Erinnerungen »Ein Leben für die Psychoanalyse«, die Welt des Militärischen habe in seiner Beziehung zu Jünger keine Rolle gespielt. Für ihn habe er als erster eine »neue Figur« repräsentiert, eine neue Welt, »eben die Literatur. Von diesen seltsamen Figuren, den Literaten, hatte ich bis dato noch keinen inspirierten Kopf in persona erlebt.«

Dann aber erzählt Mitscherlich eine bemerkenswerte Geschichte. Bei einer Straßenschlacht im Berliner Stadtteil Neukölln, deren Zeuge er und Jünger sowie Jüngers Bruder Friedrich Georg wurden, sei der Weltkriegsheld, als Panzerwagen der Polizei heranfuhren, mit »großer Behendigkeit« von der Straße verschwunden, er habe in einem Hausflur Deckung gesucht. »Das«, befand der noch sehr junge Mitscherlich, »paßte nicht zum Pour le mérite. Ich begann, Jünger zu verachten.« Daß dies töricht war, räumt der Erzähler sogleich ein. Warum hätte sich Jünger von der Polizei in Neukölln erschießen lassen sollen? »Ich aber«, erklärt Mitscherlich seine spontane Reaktion, »sah eben den legendären Mann vor mir, der in den Schützengräben des ersten Weltkriegs, ohne Deckung zu suchen, wie von magischer Hand gelenkt, aufstand und unversehrt blieb.«

Das ist nun auf ernstere Weise falsch. Jünger suchte, wenn es gefährlich wurde, immer Deckung und er blieb nicht unversehrt. Es zeigt sich hier, wie stark ein literarisches Heldenbild Mitscherlichs Vorstellungswelt geprägt hatte und wie er dieses andere Bild auf Jünger übertrug. Siegfried, der größte Held der deutschen Sage ist – bis auf eine winzige Stelle auf seinem Rücken – unverwundbar, weil ihn die Hornhaut aus dem Drachenblut schützt. Die tödliche Verletzung kann ihm nur aufgrund von Verrat und heimtückisch zugefügt werden. Das waren die Heldenbilder, die an Jünger herangetragen wurden, denen er sich aber entzog. So wenig er für Propaganda zur Verfügung stand, so wenig neigte er auch zur Selbstverklärung. Fast scheint es so, als habe die Bewunderung, die er erfuhr, ihn darin bestärkt, sich von denen fernzuhalten, die ihn allzu sehr bewunderten. Er brachte den jungen Nationalisten, die ihn verehrten, seine Nähe suchten und von großen Aktionen träumten, Sympathien entgegen – wie auch nicht: er war selbst ein glühender Nationalist – aber er hielt sich von ihren Organisationen und Unternehmungen fern. Er sah ihr Scheitern voraus, aber er rechnete auch mit dem Scheitern ihrer Gegner, ob das nun die Demokraten von Weimar waren oder die Revolutionäre von links. Er lernte alles kennen – und hielt sich zurück.

Hitler schätzte seine Bücher. Als Jünger das erfuhr, schickte er ihm Neuauflagen mit Widmung. Der Führer der Nationalsozialisten hätte ihn 1925 beinahe einmal besucht, er mußte dann doch seine Reiseroute ändern. Für die NSDAP in den Reichstag zu gehen, lehnte Jünger ab. Als Hitler zur Macht kam, sorgte der Schriftsteller penibel dafür, daß nirgendwo der Eindruck entstehen konnte, er lasse sich mit den neuen Herren ein oder habe ihnen gar etwas zu verdanken.

Freunde, für die es nun gefährlich wurde, unterstützte er, auch, wenn er sich dabei selbst gefährdete. Der Schriftsteller blieb sichtbar und erkennbar. Der Weltkriegsheld schien zu verschwinden.

Jünger war sich seiner Klugheit bewußt. Er gefiel sich in ihr, damals und später. Seinem Freund Carl Schmitt riet er ab, sich von Göring zum Preußischen Staatsrat machen zu lassen. Schmitt ignorierte die Warnung und lief in sein Unglück: Erst kompromittierte er sich als eifernder Anhänger der neuen Verhältnisse, dann, als Opportunist denunziert, wurde er kalt gestellt. Nach dem Zweiten Weltkrieg bekam er, als Nazi abgestempelt, keine öffentliche Stelle mehr.

Auf den ersten Blick anmaßend lesen sich die wenigen Worte, die Jünger 1948 brieflich zum Thema Gottfried Benn geschrieben hat: »Wenn er mich 33 konsultiert hätte, würde vielleicht manches vermieden worden sein.« Der Ernst Jünger am Ende seiner naturwissenschaftlichen Semester hatte den Dichter Benn offenbar bewundert und ihm um 1925 geschrieben, aber wohl keine Antwort erhalten. Die Geschichte, die man sich dazu ausmalen kann, ist kurios, wenn man sie als komischen Zirkel versteht. Benn, Militärarzt, verbringt die längste Zeit des Ersten Weltkriegs in der Etappe, in Brüssel, da war gut leben. Als der mit seinen martialischen Frontberichten bekannt gewordene Leutnant von ehedem sich an ihn wandte, hatte der längst anerkannte Dichter für ihn kaum etwas anderes als spöttische Verachtung übrig, er kannte weder Jünger noch die Figuren, die um ihn herum waren. Er wollte davon auch nichts kennenlernen. Als 1933 die Nationalsozialisten an die Macht kamen, wußte Benn allzu wenig über sie. Er bildete sich nur ein zu wissen, was sie wollten. (Hierin vergleichbar mit seinem Freund Martin Heidegger, der nie mit einer Nazi-Größe zusammenkam.) Jetzt nahm Benn für die neuen Machthaber auftrumpfend Partei, während sich Jünger unmißverständlich zurückhielt, weil er die Leute kannte. Als Benn wegen seiner Gedichte, die er weder verstecken konnte noch wollte, bei den etablierten Nazis in Ungnade fiel und sich bedroht fühlte, veröffentlichte Jünger Buch um Buch – in deutlicher Distanz zum Kulturbetrieb. Benn ließ sich nun als Militärarzt reaktivieren, von Jünger wird der Satz überliefert: In einer Armee, in der ein Göring General ist, ist kein Platz für mich. Als 1939 der Krieg ausbrach, wurde Jünger eingezogen und zum Hauptmann befördert. Er bekam einen Posten im Stab des Militärbefehlshabers in Paris und verbrachte dort eine gute Zeit. Der Militärarzt Benn verbrachte die letzten Jahre dieses Krieges in Landsberg an der Warthe, wo es weniger komfortabel zuging. Hier schrieb er sein Gedicht »Verlornes Ich«. Nach dem Krieg durften beide zunächst nicht in Deutschland publizieren. Ihre ersten neuen Bücher erschienen bei Peter Schifferli im Züricher Arche Verlag. In den 50er Jahren wurde es dann besser. Benn bekam den Büchner-Preis. Jünger bekam in seinem neuen Wohnort Wilflingen Besuch von Bundespräsident Heuss. Heidegger durfte die Festrede zum Fünfhundertjährigen Jubiläum seiner Universität in Freiburg halten. Nur an Carl Schmitt im sauerländischen Plettenberg gingen die Rehabilitationsmaßnahmen vorbei. In seinem Glossarium ist nachzulesen, wie übel er das den anderen nahm.

Jünger hat es stets abgelehnt, mit irgendetwas von dem, was er getan hat, dem Widerstand gegen Hitler zugerechnet zu werden. Zwar wurde sein Roman »Auf den Marmorklippen« von vielen Lesern so verstanden. Und seine »Friedensschrift«, die er in den frühen 40er Jahren in Paris verfaßte, soll Generalfeldmarschall Erwin Rommel den letzten Anstoß gegeben haben, sich an der Verschwörung gegen Hitler zu beteiligen. Jünger tat das nicht – zumindest nicht so offen, daß er nach dem Scheitern der Verschwörung unausweichlich mit ins Verderben gezogen worden wäre. Er verließ die Armee vor Kriegsende, aber er widersprach immer der Legende, er sei ausgestoßen worden.

Bemühungen in Reihen der NSDAP und der Geheimen Staatspolizei, ihn zu drangsalieren, hatte es genug gegeben. Aber Hitler wünschte, daß er in Ruhe gelassen werde. Hier wird nicht nur die Bewunderung des ehemaligen Meldegängers an der Westfront für die Bücher des tapferen Frontoffiziers eine Rolle gespielt haben. Wichtiger noch dürfte die Tatsache sein, daß Hitler sein Überleben im Krieg, das auf diesem Posten so extrem unwahrscheinlich gewesen war, ebenso wenig für Zufall halten wollte, wie Jünger das für seinen Fall tat. Hitler glaubte seither an die Vorsehung, die ihn geschützt habe. Aber er mag von dem Gefühl bestimmt worden sein, daß er diese Vorsehung frevelhaft herausforderte, wenn er es zuließ, daß man sich an jemandem vergriff, der in der selben Zeit und der selben Situation in gleicher Weise unter ihrem Schutz gestanden haben mußte.

Auch für dieses Schicksal, das Hitler in der Person Jüngers respektierte, steht der Orden Pour le mérite. Der Glanz dieses Ordens ist nie aus dem Bild verschwunden, das man sich von Jünger machte. Kaum je wurde über Jünger geschrieben, ohne daß man den blauen Stern erwähnte. Aber wen zeichnete er aus? Einen Helden oder nur einen tapferen Soldaten? Jünger hätte als Antwort gegeben: Das letztere. Soldatisch blieb er bis in sein hohes Alter.

»Soldaten sind in jedem Land der Welt Objekte der Entscheidung«, schreibt Jüngers Biograph Karl O. Paetel. Das
hat auch der Pour le mérite-Träger akzeptiert. Gerade die
Pariser Tagebücher, die 1949 unter dem Titel »Strahlungen«
erschienen, weisen Eintragungen von Vorgängen auf, die
heldenhaftes Eingreifen hätten provozieren müssen. Jünger
ließ sich nicht provozieren – bewegen wohl, wenn er
notierte, wie vor der Deportation der Juden aus Paris die
Familien getrennt, die Kinder separiert wurden und der
Jammer der Betroffenen weit zu hören war. Was hätte ein
Held getan? Was wäre zweckmäßig gewesen? Jünger schrieb
es auf. Und das war gefährlich genug. Jünger funktionierte
wie ein Soldat.

Aber es wurde schon bemerkt, daß er nicht nur das war. Er
selbst bemerkte es auch. In einem Brief aus dem Dezember
1934 an Carl Schmitt erinnert er sich »an die Zeit nach dem
Waffenstillstand, in der aus allen Badeorten, Stabsquartieren
und Ersatzbataillonen Typen mit goldenen Sternen und
geflochtenen Achselstücken bei der Truppe zusammen-
strömten, um die langentbehrten Führerposten wieder zu
beziehen.« Da sei er so naiv gewesen zu glauben, er werde
wegen seines Pour le mérite von den Offizieren bewundert,
bis er merkte: Die Kerle hatten insgeheim eine fast magische
Wut auf mich.« Quelle dieser Wut war sicherlich der blanke
Neid. Aber vielleicht nicht nur. Diese Offiziere waren Berufssoldaten. Sie waren erzogen, das anzuwenden, was sie gelernt
hatten – Jünger hatte, wie er später einmal angab, nicht einmal gelernt, ein Maschinengewehr zu bedienen. All die Jahre
im Krieg nicht. Dafür war er zum Kämpfer in einer Art
geworden, die man nicht erlernen kann. Das hatte ihm den
hohen Orden eingetragen. Vielleicht hatten die Etappen-

Offiziere diese unzivilisierte Andersheit gespürt. Und Jünger selbst wußte davon.

Der Autor zog sich, das gilt von den zwanziger Jahren an bis zum Ende seines Lebens, von Entscheidungen zurück, die unmittelbar ein Handeln nach sich gezogen hätten. In seinem Tagebuch »Jahre der Okkupation«, das die Zeit nach dem Zweiten Weltkrieg reflektiert, heißt es an einer Stelle: »Die Geister, die die Lage beurteilen, haben mich von jeher mehr angezogen als jene, die sie schaffen oder die sich das einbilden. Von solchem Standpunkt aus erscheinen auch die Akteure als Belege zur Lagebeurteilung, als Leitfossilien, als Charakterpflanzen, an denen man eine Schicht, ein Klima, einen Untergrund erkennt. Ihre Struktur wird bedeutsamer als ihre Absichten, ihr Typus aufschlußreicher als die Händel, in die sie verwickelt sind.«

Das ist klug, aber es ist die Klugheit des Untertans, des Mannes, der einwilligt, Objekt von Entscheidungen zu sein, ob Soldat oder nicht. Dieser Untertan freilich hat begriffen, daß er nicht in jeder Hinsicht verfügbar sein muß. Er darf sich sogar gänzlich unverfügbar geben, so lange er den Käfig nicht verläßt, den die Macht um ihn gebaut hat, und so lange er den Käfig nicht zu deutlich Käfig nennt. Das Schicksal anderer in diesem Käfig darf ihm dann zwar zu Herzen gehen, aber seine Klugheit wird ihn davon abhalten, etwas Unzweckmäßiges zu tun. Diese Klugheit könnte bezichtigt werden, Komplizin der Macht zu sein, die ihn demütigt, wenn sie ihn zwingt, dem Unrecht und der Gewalt tatenlos zuzusehen. Aber die selbe Klugheit mag ihn in der Hoffnung halten, daß die gute Literatur, die all die beurteilenden Geister in Jahrhunderten, in Jahrtausenden schaffen, einen Humus von Humanität bildet, auf dem sich leben und weiterleben läßt. Denn, wie es im ersten Pariser Tagebuch heißt, wer zur Verteidigung des Unrechts schreibt, schreibt immer einen schlechten Stil. Guter Stil beruht im tiefsten Grunde auf Gerechtigkeit.

Das ist das Credo des Schriftstellers Jünger. Der Soldat weiß aber, daß dies in der Welt, wie sie ist, nicht ausreicht. In dem schon zitierten Brief an Carl Schmitt von 1934 liest man an anderer Stelle zur Kritik der Bildungsideale – und in Fortsetzung der Beschreibung jener Etappenoffiziere, die mit blanker Uniformbrust in die Führungspositionen der verkleinerten Reichswehr streben, »daß man lieber die Kriegsfreiwilligen von Langemarck, die sich wie die Hähnchen abschlachten ließen, feierte, als etwa die Männer der Somme-Schlacht«, über die er die »Stahlgewitter« und manches andere geschrieben hatte. Da hatte er zweifellos die Sache, für die er erst kämpfte, dann schrieb, für gerecht gehalten. Und das tat er in allen Phasen seines Lebens. Nur von Helden hatte er damals nicht reden mögen, und später tat er es überhaupt nicht.

Zuerst waren für Jünger Bildungsideal und die Gesetze des Handelns auseinandergetreten, das war in den Schützengräben der Westfront. Dann waren für ihn die Möglichkeiten des Handelns und die Wirklichkeit des Geschehens einander fremd geworden. Das erlebte er von den Putschistenzirkeln der 20er Jahre bis zur Herrschaft der Nazis und ihrem Ende, auch nach der Niederlage. Es war keine Zeit für Helden. Die Orden des Soldaten Ernst Jünger beglaubigten diesen Befund am Ende nicht anders als die Bücher des Schriftstellers.

Erwin Rommel

Im Dezember 1933 verließ Ernst Jünger mit seiner Familie Berlin und zog nach Goslar. Zwei Monate zuvor hatte das III. Bataillon des Infanterieregiments 17 in Goslar einen neuen Kommandeur erhalten: Erwin Rommel. Jünger lernte nun Ski fahren. Das brauchte Rommel nicht mehr zu lernen. Der 1891 in Heidenheim an der Brenz geborene Schwabe hatte im Ersten Weltkrieg im neu geschaffenen Königlich-Württembergischen Gebirgsbataillon gekämpft. Auch er war Träger des Ordens Pour le mérite. Rommel ging schon 1935 als Lehrgangsleiter an die Kriegsschule nach Potsdam. Jünger verließ die kleine Stadt am Harz wenig später und zog 1936 nach Überlingen an den Bodensee. Soweit bekannt ist, haben sich die beiden in den reichlich zwei Jahren in Goslar nie getroffen.

Als Jünger Berlin den Rücken kehrte, hatten sich die Nationalsozialisten als führende Regierungspartei in der Reichshauptstadt fest eingerichtet. Terror und Sondergesetze hatten dabei die Hauptarbeit geleistet, Widerstand von den gesellschaftlichen Gruppen und Autoritäten hatte es nicht gegeben. Rommel mag von solchen Dingen kaum etwas zur Kenntnis genommen haben. 1934, am Ende seines ersten Jahres in Goslar, traf er dort zum ersten Mal auf Adolf Hitler.

Es war bis zu diesem Zeitpunkt einiges geschehen, was die Verhältnisse in Deutschland umstürzend veränderte. Reichspräsident Paul von Hindenburg, der Sieger in der bereits legendären Tannenberg-Schlacht von 1914, war am 2. August 1934 gestorben. Hitler folgte ihm in das Amt des Staatsoberhaupts, ohne das Amt des Reichskanzlers abzugeben; er stand nun als »Führer« an der Spitze von Staat und Regierung. Rommel war beeindruckt. Es scheint ihn wenig irritiert zu haben, daß der Führer einige Wochen zuvor, am 30. Juni 1934, in einer so genannten »Nacht der langen Messer« fast die gesamte höhere SA-Führung hatte ermorden lassen, aber auch einige innenpolitische Gegner. Unter diesen war Kurt von Schleicher, Reichskanzler vor Hitler, ein aus der Reichswehr kommender General, und seine Frau. Die SA, mit ihren Millionen Mitgliedern unter ihrem ehrgeizigen Chef, Hauptmann Röhm, eine Art Nebenarmee im Reich, war damit nicht beseitigt aber so einschneidend traktiert worden, daß es einer vernichtenden Demütigung gleichkam. Damit war Hitler Wünschen nachgekommen, wie sie nicht nur bei den Berufssoldaten bestanden hatten. Der Terror, den die SA-Leute ausübten, war Rommel auch in Goslar nicht unbekannt geblieben. Näheres über die Vorgänge in der Mordnacht wurde erst später bekannt. Da hatte sich schon allenthalben Erleichterung darüber breit gemacht, daß Hitler für die Zukunft nun doch auf die Generäle und ihre disziplinierte Truppe gesetzt hatte, die Autorität genoß, weil sie als unpolitisch galt.

Aber die Morde waren furchtbar gewesen. Es wurde niemand angeklagt, niemand vor Gericht gestellt. Der Verfassungsrechtler Carl Schmitt verteidigte das Geschehene, indem er verkündete, der Führer sei in dieser Stunde der oberste Gerichtsherr gewesen. Es war damit gleichwohl für jedermann klar: Deutschland hatte aufgehört, als Rechtsstaat zu existieren. Von nun an gab es keine Unschuld mehr in der Kooperation mit den neuen Machthabern im Lande Immanuel Kants.

Nach dem Tod Hindenburgs wurden die Soldaten auf Hitler vereidigt. Auch Rommel. »Ich schwöre bei Gott diesen heiligen Eid, daß ich dem Führer des Deutschen Reiches und Volkes Adolf Hitler, dem Oberbefehlshaber der Wehrmacht, unbedingten Gehorsam leisten und als tapferer Soldat bereit sein will, jederzeit für diesen Eid mein Leben einzusetzen.« Die Reichswehr, das Hunderttausend-Mann-Heer, das Generaloberst Hans von Seeckt 1920 nach der Niederlage und dem Friedensvertrag von Versailles geschaffen hatte, vergrößerte sich rapide zur Wehrmacht. Die Vorgaben des Friedensvertrages, den viele Deutsche als unwürdiges Diktat empfanden, wurden ignoriert. Im März 1935 führte das Reich die allgemeine Wehrpflicht ein. Offiziere und Unteroffiziere der alten Reichswehr waren nun, wie ihr Schöpfer es geplant hatte, die höchst kompetente und effiziente Führungsreserve, die in kürzester Zeit eine gigantische Truppenvermehrung planen und vollenden konnte. Rommel, der in seinen jetzt 25 Dienstjahren dazu erzogen worden war, jenseits des Privaten ausschließlich als Soldat zu denken und zu handeln, sah überwiegend Gründe, zufrieden zu sein.

Eines freilich war da noch gewesen. Als Hitler im September 1934 zum Reichsbauerntag Goslar besuchte, entsprach es den Gepflogenheiten, daß die Truppe eine Ehrenformation für das Staatsoberhaupt stellte. Rommel erfuhr, daß SS-Leute den Schutz des Führers übernehmen und vor seinen Soldaten Posten beziehen würden. Das, befand er, sei eine Beleidigung der Truppe, er drohte, seine »Goslarer Jäger« in der Kaserne zu lassen. Der Streit konnte beigelegt werden, die SS mußte auf ihren Auftritt verzichten. Rommel schritt mit Hitler die Front der Ehrenformation seines Bataillons ab.

Zehn Jahre später allerdings, als Rommel, inzwischen nach märchenhaftem Aufstieg in der Wehrmacht Hitlers damit beauftragt, im besetzten Frankreich die Verteidigung gegen die erwartete Invasion alliierter Streitkräfte zu organisieren, verfügte die SS über eigene starke Truppenverbände an den Fronten und diese waren nicht immer bereit, sich dem Befehl der Wehrmachtsverbände und ihrer Generäle zu unterstellen. Noch übler war das Wirken der SS hinter der Front. Die Goslarer Intervention mußte im Rückblick vollkommen irreal erscheinen. Ernst Jünger hätte Rommel das rechtzeitig erklären können. Aber damals trennten die beiden Weltkriegs-Offiziere Welten. Der eine war nach seinem Ausscheiden aus der Reichswehr, 1923, Schriftsteller geworden, politischer Publizist, Berliner Bohemien, er hatte Freunde unter den Putschisten fast aller Couleur, nun hielt er sich erklärtermaßen von der siegreichen Partei und ihren Erfolgen fern. Der andere war stets ein korrekter aber unauffälliger Soldat gewesen, vierzehn Jahre lang Hauptmann, jetzt erst sollte für ihn das beginnen, was man eine Karriere nennt. Beide hatten sie Stoßtrupps an der Westfront geführt. Jünger war berühmt geworden, Rommel nicht.

Der fünf Jahre ältere Rommel war anders in den Krieg gezogen als die unzähligen Kriegsfreiwilligen, die von den Schulbänken der Gymnasien kamen. Begeistert vom Kriegsausbruch war auch er. Aber er hoffte, nun zeigen zu können, was er in den Friedensjahren gelernt hatte. Rommel hatte nach ordentlichem Schulabschluß – einer der wenigen Helden jener Zeit, die den vorweisen konnten – zunächst bei den Zeppelinwerken in Friedrichshafen anfangen wollen. Aber

sein Vater, ein Schullehrer, bald Rektor, empfahl ihm, Berufssoldat zu werden. Der Sohn gehorchte. Es war eine Lehrer-
und Beamtenfamilie, aus der Rommel stammte. Und ein
guter Schüler war Erwin nicht gewesen. So mochte der Rat-
schlag aus einer gewissen Skepsis heraus erfolgt sein. Am 19.
Juli 1910 kam Rommel zur Infanterie nach Weingarten. Die
Kriegsschule besuchte er in Danzig (wo er seine spätere Frau
kennenlernte), Ende Januar 1912 wurde er zum Leutnant
befördert.

Im Frühjahr 1914 wird er zur Feldartillerie abkommandiert, als aber am 31. Juli 1914 die Vorbereitungen für den
Ausmarsch seine Kaserne in Ulm erreichen, bittet er, zu seinem alten Regiment zurückkehren zu dürfen. Schon zwei
Tage später beginnt dort das Verladen der Truppenteile.
Ungeduldig wartet Rommel, bis er selber hinaus darf. Er
fürchtet, für die ersten Schlachten zu spät zu kommen. Er
kommt nicht zu spät. Aber es sind kleine Gefechte, in denen
er seinen Mut, sein bravouröses Vorwärtsstürmen, sein Können unter Beweis stellt. Es dauert nur wenige Monate, und
Rommel ist einer der bekanntesten Zugführer des Regiments. Er nutzt jede Gelegenheit zum Angriff auf ein militärisches Ziel. Mit Schnelligkeit und Entschlossenheit gleicht er
aus, was ihm hier und da an Bewaffnung und Mannschaft
fehlt. Es ist das Vorrücken nach Frankreich hinein, ein Bewe-
gungskrieg, und hier macht Rommel seine ersten kämpferi-
schen Erfahrungen. Er sieht, daß der wagemutige Angreifer
den überraschten Verteidiger in Verwirrung stürzen kann.
Aus dieser Verwirrung befreit man sich nicht so rasch, weil
Informationen fehlen, weil der unmittelbare Überlebens-
kampf die Orientierung über die Lage erschwert. Für den
Angreifer gilt es, diese Schwäche des Gegners immer weiter

auszunutzen; wer von einer Verwirrung in die nächste gerät, kann auch überlegene Kräfte nicht mehr zu seiner Verteidigung oder auch nur zum geordneten Rückzug sammeln.

Das ist auf der taktischen Ebene richtig. Das Ziel ist hier die Vernichtung der Verteidigungsfähigkeit des Gegners. Das muß nicht durch Umfassung geschehen, das ist auch durch Zerschlagen der Aktionsfähigkeit und Aufreiben der Formationen, durch das Auslösen ungeordneter Fluchtbewegungen möglich. Der Einsatz von Panzern und schnellen Divisionen – mit Unterstützung der Luftwaffe – im Zweiten Weltkrieg zeigte, daß solches Vorgehen auch als operatives Programm sinnvoll ist. Gerade da bewährte sich Rommel an der Spitze einer Division wiederum in Frankreich. Das Problem für solche Art der Gefechtsführung ist allerdings der Nachschub. Wenn der ausbleibt, lassen sich taktische Bewegungen leichter wieder in die Reihe bringen als operative Vorstöße, die der Gesamtplanung an einer Front davonlaufen. Hier erwartet der Truppenführer, daß die übergeordneten Stäbe die von ihm geschaffene Veränderung der Gesamtlage erkennen und entsprechend reagieren. Das erfordert Flexibilität und Nähe zum Ort der Kampfhandlungen. Daran mangelte es im Ersten Weltkrieg und auch im Zweiten – wie Rommel da kritisch anmerkte, was ihn bei der um Hitler gescharten Generalität nicht beliebter machte.

Doch Rommel lernte als junger Offizier auch den Stellungskrieg kennen. Das im Oktober 1915 aufgestellte Gebirgsbataillon, dem Rommel zugeteilt wurde und das in Dezember im Arlberg trainieren durfte, kam schon Ende des Jahres an die Front, und zwar in den Vogesen. Seit der Vormarsch der deutschen Armeen im Westen ins Stocken geraten war, seit man sich von gegenüberliegenden Schützengräben bekämpfte, hatten sich neue Kampfmethoden herausgebildet, zuerst im Argonnerwald. Auch neue Waffen: zunächst hatten deutsche Soldaten Handgranaten an Stöcke gebunden, um sie besser in die feindlichen Stellungen schleudern zu können. Bald wurde auf dieses Erfordernis hin die Stilhandgranate entwickelt, in Serie hergestellt und an die Front geliefert. Dazu gehörte ein hohes Könnensbewußtsein der Unteroffiziere und Offiziere in der vordersten Linie. Und das war es, was Rommel vor allem auszeichnete.

Als Lehrer an der Infanterieschule in Dresden sollte Rommel ausführlich von seinen Erfahrungen im Krieg berichten. Er trug lebendig und anschaulich vor und ergänzte seinen Vortrag durch selbst gefertigte Skizzen und Zeichnungen. Als er 1935 an die Kriegsschule nach Potsdam kam und zusätzlich – wenn auch nur für kurze Zeit – Verbindungsoffizier der Wehrmacht zur Führung der Hitlerjugend wurde, nahm er sich die Aufzeichnungen dazu wieder vor. 1937 erschienen sie als Buch: »Infanterie greift an.« Innerhalb kürzester Zeit wurden eine halbe Million Exemplare davon verkauft. Es bietet eine spannende Lektüre. Auch Stoßtruppunternehmen werden von Rommel hier geschildert.

Mit drei Trupps geht in regnerischer, stockfinsterer Nacht Rommel gegen eine feindliche Stellung vor: »Die Nacht ist so dunkel, daß wir erst auf 5 m die Umrisse der herumliegenden Feldbrocken erkennen können.«

Was nun folgt, ist allerdings etwas ganz anderes als das, was in Jüngers »Stahlgewittern« zu lesen ist: »Jetzt sind wir am ersten Hindernis, eine schwere Arbeit beginnt. Einer von uns dreien umwickelt jeden Draht mit einem Lappen, dann erst setzt er die Schere an. Die anderen entspannen den Draht, ehe er langsam durchgezwickt wird. Die Enden des zerschnittenen Drahtes werden gehalten und vorsichtig zurückgebogen. Sie dürfen unter keinen Umständen zurückschnellen, weil dadurch Geräusch verursacht wird. Das alles ist zuvor gründlich erprobt worden.« Das mühselige Geschäft dauert Stunden, immer wieder unterbrochen durch Phasen des Innehaltens und Lauschens. Neue Hindernisse sind zu überwinden, wenn feindliche Streifenposten in die Nähe kommen, gilt es lautlos zu sein und sich unsichtbar zu machen. »Endlich ist der ganze Stoßtrupp im Graben.« Es kommt zur Feindberührung: »Wenn wir nicht augenblicklich zupacken, sind wir verloren. Also drauf! Wir stürzen auf den Feind und unterlaufen damit sein Handgranatenfeuer.« Der Kampf ist kurz und blutig. Die Angreifer entscheiden ihn für sich. »Eiligst suchen wir die Grabenwände nach Unterschlupfen ab. Einen finden wir leer, ein zweiter wird voll mit Franzosen belegt angetroffen. Mit Unteroffizier Quante krieche ich durch die nur 60 cm hohe Öffnung, in der Rechten die Pistole, in der Linken die Taschenlampe. Kampfbereit sitzen sieben Bewaffnete Gegner an der Wand. Nach kurzen Verhandlungen legen jedoch alle die Waffen nieder. Für uns wäre es ungefährlicher gewesen, diese Unterstandsbesatzung mit der Handgranate zu erledigen. Dies hätte aber unserem Auftrag, Gefangene zu machen, nicht entsprochen.«

Rommel war 25 Jahre alt, als er diese Unternehmung durchführte, er war 45, als er das Buch mit diesem Abschnitt zusammenstellte. Er verfolgte damit andere Absichten als Ernst Jünger. Dennoch ist unübersehbar, daß für ihn auch etwas anderes wichtig ist, wohl schon 1916 wichtig war: Der Auftrag mußte so professionell wie möglich ausgeführt werden. Was dazu gehört, steht im Mittelpunkt des Berichts und stand gewiß auch im Zentrum der Wahrnehmung, als Rommel im Schützengraben agierte. In einem freilich sind sich die Leutnants und die Autoren gleich: Lob nach getaner Tat wird gern entgegengenommen und verzeichnet: »Die Anerkennung von Seiten der Vorgesetzten bleibt nicht aus.« Wenig später wird das Gebirgsbataillon in die Südkarpaten geschickt – Rumänien war im August 1916 in den Krieg gegen die Mittelmächte, Deutschland und Österreich-Ungarn, eingetreten.

Rommel, seit September 1915 Oberleutnant, führte jetzt eine Abteilung, die aus zwei Schützenkompanien und einer MG-Kompanie bestand. Die Stärke einer Kompanie betrug 200 Mann. Die Abteilung Rommel, wie sie genannt wurde, hätte von einem Offizier mit dem Dienstgrad eines Majors, mindestens aber eines Hauptmanns geführt werden müssen. Das lag nicht nur an Rommels Tüchtigkeit, daß er mit dieser Aufgabe betraut wurde. Es lag vor allem an der fehlenden Bereitschaft der wilhelminischen Militärbürokratie, den Krieg als ein Ereignis anzuerkennen, das geeignet sei, ihre Beförderungsgrundsätze durcheinander zu bringen.

Man wollte bei Kriegsende nicht mit so vielen aufgerückten Offizieren da stehen, für die es bei der dann wieder zu erfolgenden Verkleinerung der Armee keine adäquaten Stellen gab. Auch sollte wohl die Bewährung an der Front nicht die alleinige oder vorrangige Qualifikation für den Aufstieg in der militärischen Hierarchie bedeuten. Lieber ließen die Herren in den Stäben sechshundert Mann jahrelang von einem Oberleutnant führen, als daß man es riskiert hätte, nachher mit einem Major zusammenarbeiten zu müssen, der nicht zu ihnen paßte. Hohe Tapferkeitsauszeichnungen zählten da wenig, auch wenn Rommel, nachdem er den Pour le mérite erhalten hatte, zum Hauptmann befördert wurde.

Aber das geschah erst zehn Monate später – und Hauptmann sollte Rommel nun fast 14 Jahre lang, bis März 1932, bleiben. Zur Generalstabsausbildung wurde er nicht abkommandiert.

Man kann es als ironische Pointe vermerken, daß der brillanteste Admiral des Ersten Weltkriegs, Franz von Hipper, und der am meisten bewunderte General des Zweiten Weltkriegs, Erwin Rommel, beide in ihre hohen Positionen gelangt waren und sich dort exzellent bewährt hatten, ohne die viel gerühmte höchste Ausbildungsstufe im deutschen Militär erreicht geschweige denn absolviert zu haben, die im Admiral- bzw. Generalstab. Den Generalstab hatten die Bestimmungen des Versailler Vertrages den Deutschen zwar verboten, aber das Hundertausend-Mann-Heer, das nur 4000 Offiziere haben durfte, behalf sich damit, daß es die dem Generalstab eigentümlichen Aufgaben einer Institution zuteilte, die es Truppenamt nannte.

In Rumänien entwickelte Rommel, nun mit größeren, aber immer noch bescheidenen Mitteln seine Kampftechnik weiter. Sein Biograph David Fraser, General und Militärhistoriker der britischen Armee im Zweiten Weltkrieg, beschreibt das in dem 1993 erschienenen Buch »Knight's Cross« so: »Wenn er einen Angriff plante, wandte er – wie man es nennen könnte und wie es später auch benannt wurde – klassische Grundsätze in moderner Weise an. Er konzentrierte das Maschinengewehrfeuer auf die ausgesuchte Angriffsstelle, brach auf enger Front in die Verteidigungsstellung des Feindes ein, besetzte sofort innerhalb des feindlichen Verteidigungssystems eigene Stellungen, von wo aus er Flankenfeuer nach außen eröffnen konnte, und wenn er angriff, wies er seine Leute an, den Angriffsschwung ohne Rücksicht auf Flanken- und Rückenbedrohung aufrechtzuerhalten. In alledem wird in dem jungen Rommel schon der spätere General und Panzerführer erkennbar.«

Zur Aura des erfolgreichen Truppenführers – ob er nun an der Spitze kleiner Einheiten den Feind überrumpelt oder als Befehlshaber größerer Verbände seine Truppen überrollt – gehört nun zweifellos das, was man mit dem altertümlichen Wort als heldenhafte Tugend bezeichnen kann. Der verantwortliche Offizier, der vorn an der Spitze seine Soldaten führt, setzt sich der Gefahr aus, getötet oder schwer verwundet zu werden, wie jeder andere Soldat in seiner Nähe. Er setzt damit nicht nur sein Leben ein, er muß sich auch darauf verlassen können, daß jeder seiner Unterführer, wenn er ausfällt, sofort an seine Stelle treten und wenn nicht das Unternehmen zum Erfolg, so doch die Soldaten sicher zurückbringen kann. Solches gegenseitiges Vertrauen nicht nur in den Willen zur gemeinsamen Aktion, sondern auch in das Können der nächsten, die Führung zu übernehmen, setzt eine enge Verbundenheit in der Truppe weit über die Gefechtssituation hinaus voraus. Sie zu schaffen, erfordert menschliche Qualitäten, die nicht lediglich im Rausch oder in der Bedrängnis des Kampfes wirken. Allerdings: im Kampf muß der Kommandoführer unbedingt die Durchsetzung seines Willens erzwingen – sonst sind alle gefährdet. »Oft«, schreibt Rommel in den »Betrachtungen«, die jedes Kapitel seines als Lehrbuch konzipierten Bestsellers »Infanterie greift an« abschließen, »kommt es in solchen Lagen vor, daß einzelne Soldaten die Nerven verlieren und sich in Sicherheit bringen wollen. Ihnen muß der Führer energisch, u. U. mit der Waffe, entgegentreten.« Schon in den ersten Kriegstagen hatte der damals 23 Jahre alte Leutnant das selbst tun müssen. Geschadet hat ihm das, soweit bekannt ist, bei seinen Leuten nicht.

Der mit der Aura des Heldenhaften, von seinen Leuten geachtete, wo nicht sogar geliebte militärische Führer gibt den Mitkämpfenden indes nicht nur das Gefühl, der Sieg sei erreichbar, sondern auch die Zuversicht, man werde das Pandämonium wahrscheinlich überleben, solange nur alles geschieht, was anordnet ist. Der Offizier nach dem Ideal Rommels verkörpert nicht nur Kühnheit, nicht nur Tapferkeit im Ertragen von Beschwernissen – Rommel verschweigt in seinem Buch keineswegs, wie sehr ihm sein kranker Magen bei all den Strapazen zu schaffen machte –, er muß auch mit seiner Vernunft die ihm anvertrauten Soldaten überzeugen. Sie müssen erleben, daß sich mit den Anweisungen ihres Vorgesetzten das Vernünftige in gefährlicher Lage bewährt. »Um als Held zu überleben,« das hat Manfred Rommel, später Stuttgarts populärer Oberbürgermeister, als Wort seines Vaters überliefert, »muß man zuerst überleben.«

Im Oktober 1917 wird das Gebirgsbataillon nach Italien, an die Isonzofront verlegt. Italien, ursprünglich im Dreibund an der Seite des Deutschen Reichs und der K.u.K.-Monarchie, hatte es sich im Laufe des ersten Kriegsjahres anders überlegt. 1915 erklärte Rom Österreich-Ungarn den Krieg, 1916 den Deutschen.

Hauptziel des mit einem zahlenmäßig gewaltigen Aufgebot angreifenden italienischen Heeres war Trient und vor allem die österreichische Hafenstadt Triest. Zwölf Schlachten zählen die Chronisten am Fluß Isonzo. Es gab ungeheure Verluste auf beiden Seiten. In der 11. im Sommer 1917 entgingen die Österreicher, die jetzt an Soldaten und Waffen deutlich unterlegen waren, nur knapp einer schweren Niederlage. In der Pause, die auf diese Begegnung folgen mußte, forderte Wien Hilfe vom deutschen Bündnispartner.

Es kam die 14. Armee, zu der das Gebirgsbataillon gehörte, und mit ihm die Abteilung Rommel.

Die Lage auf diesem Kriegsschauplatz änderte sich mit der Schlacht, die nun begann, schlagartig. Die Gebirgssoldaten hatten den Auftrag, die Höhenzüge hinter dem Isonzo, der die vorderste Front bildete, zu erobern. Dort gab es stark ausgebaute italienische Stellungen, die jedes Vorrücken über den Fluß bedrohten. Der Kommandeur des Bataillons, Major Theodor Sproesser, verfügte über elf Kompanien mit je 200 Mann, fast eine Regimentsstärke.

Am 24. Oktober 1917 beginnt der Angriff. Rasch ist nach dem vorbereitenden Artilleriefeuer der Fluß überquert. Es beginnt der Anstieg. Rommel entdeckt einen getarnten Pfad, der ihn in eine gut gesicherte Stellung führt. Bis hierher haben die deutschen Geschütze nicht gereicht, »Mein Entschluß steht fest: Überraschender Einbruch nach kurzem Feuerüberfall mit zahlreichen s. MG. mit linkem Flügel am Waldrand entlang.« Für den erfahrenen Truppenführer ist das wie eine Wiederholung von schon Geleistetem. Die Italiener scheinen völlig ahnungslos zu sein. Rommel schickt einen Gefreiten mit acht Mann vor, um die Gegner zu festzusetzen, möglichst ohne Lärm, also ohne Gewehre und Handgranaten. Alle anderen warten feuerbereit. Aber der Streich gelingt. Der feindliche Unterstand ist genommen, 17 Italiener gefangen. Der operative Plan für die deutschen Angreifer – für Offiziere wie Rommel immer nur ein Ausgangsmodell – hatte so ausgesehen: Das Alpenkorps, dem die Württemberger zugeteilt waren, mehrere Verbände zusammengefaßt zur Divisionstärke, sollten gegen das Gebirgsmassiv des Matajur vorgehen, eine angeblich uneinnehmbare Festung. Die Angriffsspitze sollte das Bayrische Leibregiment bilden,

Sproessers Gebirgsbataillon sollte dessen Vorstoß am rechten Rand decken.

Rommel war das zu wenig. Er wollte nicht den Bayern hinterherlaufen. Er bat seinen Vorgesetzten, mit einer eigenen Abteilung ebenfalls angreifen zu dürfen, rechts vom Leibregiment und mit einer anderen Richtung beim Aufstieg. Sproesser stimmte zu, bewilligte ihm zunächst aber nur drei Kompanien.

Mit diesen – zwei Schützenkompanien, eine Maschinengewehrkompanie – rückte Rommel vor und suchte nach seiner schon in Rumänien bewährten Taktik das Gefecht. »Der Fernsprechtrupp«, vermerkt der Kriegslehrer sorgsam in seinem Buch, »legt während des Vorgehens eine Drahtverbindung mit dem Gefechtsstand des Major Sproesser.« Es bleibt nicht so einfach, wie bei den ersten Feindberührungen. Eine zur Sicherung postierte Schützenkompanie gerät unter starken Druck italienischer Kräfte. Wird sie überwunden, droht Rommel mit seiner ganzen Abteilung vom deutschen Aufmarsch abgeschnitten zu werden. Rommel riskiert alles: weder sucht er mit seinen zwei übrigen Kompanien eine sichere Rückzugslinie, noch gibt er dem Impuls nach, mit den verfügbaren Leuten sofort die Front der angegriffenen Kompanie zu verstärken. Er formiert seine Soldaten für eine taktische Bewegung, mit der er die italienischen Angreifer in der Flanke und im Rücken zu fassen bekommt. Als diese sich überrascht gegen die neuen Gegner auf dem Gefechtsfeld wenden, geht die bis dahin hart bedrängte Kompanie ihrerseits zum Angriff vor. Von zwei Seiten unter Feuer genommen streckt ein ganzes Bataillon die Waffen. »Nur die italienischen Offiziere verteidigen sich noch bis auf wenige Meter Entfernung mit der Pistole«, erinnert sich Rommel: »Dann werden auch sie überwältigt. Es bedarf meines Eingreifens, um sie vor der Wut der Gebirgsschützen zu retten.«

Auf jeder Ebene der Kriegsführung sind es die taktischen Entscheidungen, zu denen besonderer Mut gehört. Im Gefecht verwundet oder getötet zu werden, ist das eine. In kürzester Zeit eine Entscheidung zu treffen, von welcher der erfolgreiche Ausgang eines Unternehmens abhängt, die aber auch zum Desaster führen kann, ist das andere. Rommel bewies oft einen Mut, mit dem er sich und seine Truppe in größte Gefahr brachte – doch in der Gefahr bewies er ebenso den Mut, nicht einfache oder vermeintlich einfache Auswege zu wählen. Er zog es vor, mit neuerlicher Risikobereitschaft das Gesetz des Handelns wieder selbst zu bestimmen. Diese Eigenschaft war im deutschen Militär nicht selbstverständlich und wurde eher beargwöhnt als gefördert – wenn man auch der Selbständigkeit der Unterführer große Bedeutung zumaß. Das preußische Motto »Mehr sein als scheinen«, das der Graf Schlieffen für die Generalstäbler formuliert hatte, erzog bei den sich gleichermaßen elitär dünkenden Truppenoffizieren Duckmäuser. Das glänzend Aufscheinende war als das bloß Scheinbare denunziert, der Unauffällige durfte als der Mann mit Substanz auf Sympathie hoffen.

Es steht dieses Motto in krassem Gegensatz zu dem Prinzip der homerischen Helden: der beste zu sein und sich vor anderen hervorzutun. Das war bei den Preußen gerade nicht erwünscht, vielleicht eine Erfordernis der Disziplin im funktionstüchtigen Massenheer. Schon bei der Ausbildung der Rekruten konnte man in der Begrüßungsansprache des Feldwebels hören: »Ich kenne jetzt niemanden von ihnen. Wenn ich nach drei Monaten immer noch nicht kenne, der ist der beste Soldat.«

Indes, was für die strenge Disziplin in der Linie richtig sein mag, muß nicht richtig sein bei der Führung schon kleinerer Einheiten, erst recht großer Verbände. Der Krieg des deutschen Heeres 1914–1918 ist reich an Beispielen, in denen mangelnde Kühnheit des Entschlusses strategisch wichtige Chancen ungenutzt ließ, auf die das Reich angewiesen war. Der Rückzug 1914 an der Marne hat vielleicht zwei Armeen – die Erste (von Kluck) und die Zweite (von Bülow) – vor einer Niederlage bewahrt. Die Niederlage hätte durchaus so schwerwiegend sein können, daß Berlin sich sofort um einen Waffenstillstand hätte bemühen müssen. Das hätte ein Unglück für das Land sein können – aber nicht ein so großes, wie es die Niederlage nach vier Jahren Krieg war. Mit dem Rückzug an der Marne war der Schlieffenplan – die Umfassung der französischen (und britischen) Streitkräfte von Norden und Westen her – endgültig gescheitert. Die Grundlage des Schlieffenplanes und der Grund für die Bereitschaft, plangemäß die Neutralität Belgiens zu verletzen, war die Einsicht, daß Deutschland nur einen kurzen Krieg gewinnen könne. Trotz gewaltiger Leistungen des deutschen Militärs im Krieg hat sich diese Einsicht schließlich als richtig erwiesen. Wäre man 1914 dabei geblieben, hätte man an der Marne, Paris vor Augen aber mit einer gefährlichen Lücke zwischen der Ersten und der Zweiten Armee, alles auf eine Karte gesetzt – wie man es notgedrungen in Ostpreußen tat, wo nur eine Armee nacheinander zwei russische Invasionsarmeen schlagen mußte, die jede der deutschen zahlenmäßig weit überlegen war. Bei Tannenberg kam so ein improvisierter Sieg heraus in einer Umfassungsschlacht, die zu den faszinierendsten der Geschichte zählt und die doch in den Tagen, die sie dauerte (26. bis 30. August), stets unter der Drohung einer Katastrophe stand: Daß die andere russische Armee, der im Norden des Schlachtgebiets nur eine Kavallerie-Division gegenüberstand, vormarschiert und den mit Abwehr und Umfassung des Gegners beschäftigten Truppen in den Rücken fällt. Nichts hätte mehr geholfen, wenn das geschehen wäre. Für die Russen wäre der Weg nach Berlin offen gewesen.

Dieser Mut zu unbedingtem Handeln, weil es keine Alternative zum Sieg hier und jetzt gab, fehlte den Heerführern im Westen. Es ist immer noch bedenkenswert, was einer der genialsten Truppenführer dieses Krieges, Paul von Lettow-Vorbeck, dazu notiert hat. In seinen Erinnerungen »Mein Leben« (1957) kommt er auf seinen Regimentskommandeur Karl von Bülow zu sprechen: »Im Sinne Napoleons verlangte er ›activité‹ und ›vitesse‹, dazu größte Selbsttätigkeit aller unteren Führer.« Lettow-Vorbeck schreibt weiter: »Es ist tragisch, daß Feldmarschall von Bülow, als er im ersten Weltkrieg die 2. Armee führte, schon einen Schlaganfall erlitten und die Höhe seiner Leistungsfähigkeit überschritten hatte. Ich glaube, daß der Bülow von 1895 im Jahre 1914 das Wagnis der Marne-Schlacht auf sich genommen hätte und mit der 2. Armee nicht zurückgegangen wäre.«

Rommel, als er schon General war, soll einmal zu seinem Sohn Manfred gesagt haben: »Als junger Mann wußte ich schon, wie man eine Armee führt«. In diesem Satz liegt gewiß etwas von dem trotzig überspielten Minderwertigkeitsgefühl dessen, der keine Generalstabsausbildung erhalten hat. Aber es liegt darin eben auch der Hinweis auf das, worauf es zu allererst bei der Führung einer Truppe im Krieg ankommt: die Mentalität. Wo Rommel ist, ist die Front, lautete einer der Sprüche, die schon früh den Nimbus seines Namens ausmachten. Der Wille zum Kampf, die Bereitschaft zum Risiko, der Schwung, der zum Sieg führt – all das ist in der Mentalität eines Kommandeurs angelegt. Und diese Mentalität reißt seine Soldaten mit.

All das ist auch aus den Einzelaktionen des von Rommel packend geschilderten Kampfes um den Monte Matajur abzulesen. Hier waren er und die Soldaten seiner Abteilung 52 Stunden ununterbrochen im Einsatz, sie legten dabei einen Weg von 18 Kilometern Luftlinie zurück, bewältigten unter schwierigsten Verhältnissen 2400 Meter Höhenunterschied hangaufwärts und 800 Meter hangabwärts. Sie ernährten sich im Vorbeigehen aus erbeuteten italienischen Verpflegungswagen: Eier, Weintrauben, Weißbrot. Aber es gibt im Ablauf dieser 52 Stunden auch keinen Augenblick, in der die Abteilung Rommel es hätte riskieren können, zurückzugehen. So tief waren sie in das Stellungssystem der Italiener eingedrungen, so sehr waren sie im Vorankommen auf sich allein angewiesen, daß es schließlich nicht nur zum Erfolg, sondern schon zum Überleben erforderlich war, beim Vorwärtsgehen nicht innezuhalten, bei Anwendung des Bluffs und der Überrumpelungstaktik immer dreister zu werden.

So gelingt Rommel am 2. Angriffstag der Schlacht (25. Oktober 1917) der größte Coup seines Vormarschs. Gemeldet wird ihm am frühen Nachmittag »eine sehr, sehr lange feindliche Infanteriekolonne«, und zwar »in friedlichem Marsch – ohne Sicherung – weit hinter der Front sich dünkend.« Diese Kolonne kommt direkt auf den Punkt zu, an dem er sich mit 150 Gebirgsschützen befindet. »Alarm! Alles gefechtsbereit machen! In wenigen Minuten wird es wohl zum Kampf kommen.« Aber Rommel hat seine Maschinengewehre gut postiert. Sie beherrschen das Tal. Rommel will den Gegner recht nah herankommen lassen, damit dieser seine überlegenen Kräfte nicht entwickeln kann. Als der sich auf 300 Meter genähert hat, schickt Rommel einen Parlamentär mit weißer Fahne vor, um die Italiener zur Aufgabe zu überreden. Der Parlamentär wird sofort gefangengenommen. Jetzt beginnen die Deutschen zu schießen, Die Italiener gehen in Deckung. Rommel läßt das Feuer einstellen und fordert »durch Tücherwinken« wieder zur Übergabe auf. »Zu früh!« Der Gegner benutzt die Feuerpause, um nun beiderseits der Straße aus den Büschen entwickelt gegen uns vorzugehen. Gleichzeitig eröffnen mehrere MG. vom Hang dicht westlich der Straße das Feuer gegen uns. – Nun muß sich zeigen, wer besser schießt.« Noch ein weiteres Mal versucht Rommel »durch Tücherwinken« eine Übergabe zu erreichen. Vergebens. Die Italiener sind unterdessen auf 80 Meter herangekommen. »Endlich nach zehn Minuten sehr heftigen Feuerkampfes gibt der Feind sich besiegt und macht Zeichen der Übergabe. Daraufhin stellen wir das Feuer ein. 50 Offiziere und 2000 Mann der 4. Bersaglieri-Brigade legen auf der Talstraße die Waffen nieder und rücken zu uns herüber.« Ein Offizierstellvertreter und wenige Schützen bringen die Gefangenen auf das von den Deutschen eroberte Terrain. Rommel peilt die nächste Aktion an.

Zum Bild Rommels, das in der Kriegsgeschichte seines gleichen sucht, gehört auch, daß er die nach preußischem Muster dem Unterführer gewährte Selbstständigkeit extrem ausnutzte. Um noch einmal Lettow-Vorbeck zu zitieren: »Moltkes Strategie ließ den Führern große Freiheit, räumte ihnen auch das Abweichen von Befehlen und das Handeln gegen Befehle ein, wenn sie aufgrund eigenen Urteils an Ort und Stelle zu der Überzeugung kamen, daß die von oben gekommenen Befehle überholt waren oder der tatsächlichen Lage nicht entsprachen. Das erforderte großes Können der Unterführer, wenn nicht Unheil angerichtet werden sollte.« Das ging mithin deutlich über das hinaus, was Auftragstaktik genannt wurde. Nicht nur bei der Ausführung eines klar bestimmten Auftrags war dem Offizier freie Hand gelassen, er durfte gegebenenfalls auch seinen Auftrag erweitern, modifizieren. Rommel liebte das Erweitern.

Gerade im Zweiten Weltkrieg sollte er damit das Oberkommando des Heeres zur Verzweiflung bringen. Sein in Deutschland bestauntes Agieren mit dem Afrika-Korps veranlaßte Generaloberst Halder im Mai 1941 zu der Bemerkung, Rommel habe durch Überschreiten seiner Befehle eine Situation geschaffen, welcher die Nachschubmöglichkeiten gegenwärtig nicht gerecht würden. Man versuchte, eine neue Kommandobehörde für die Region zu schaffen, um den allzu selbständigen General besser in den Griff zu bekommen. Doch Hitler, der den Wert dieses Idols für die Kriegspropaganda erkannt hatte, verhinderte das. Er wünsche nicht, ließ er wissen, »daß Rommel durch eine übergeordnete Stelle gehemmt wird.« Was Deutschland mit Siegen in Nordafrika erreichen wollte, war damit nicht klarer definiert. Zunächst hatte man nur die totale Niederlage der Italiener verhindern wollen. Dann, als Rommel von Sieg zu Sieg eilte, hatte man es mit der Gefahr zu tun, daß bei mangelnder logistischer Unterstützung aus den Siegern Verlierer werden könnten. Berlin fürchtete jetzt den Prestigeverlust, den man anfangs den Verbündeten hatte ersparen wollen. Der soeben erst zum Mythos verklärte Rommel durfte, um eben diesen zu erhalten, keinen Schaden nehmen. Der Unwille, der in der Berliner Generalität gegenüber Rommel empfunden wurde, verstärkte sich noch einmal.

Am Monte Matajur hatte der junge Oberleutnant damit noch wenig Schwierigkeiten. Als er zu Anfang der Gefechte mit seiner Abteilung dem Bayrischen Leibregiment zu nahe gekommen war, wurde er zu dessen Kommandeur, einem Grafen Bothmer, Major, gerufen. Dieser fordert den 26 Jahre alten Offizier auf, sich hier am Hang seinem Kommando zu unterstellen. Rommel weist darauf hin, daß er seine Befehle von Major Sproesser erhalte, der dienstälter sei als der Graf. Dienstalter ging vor. Und Sproesser werde bald hier eintreffen. Bothmer erteilte ihm gleichwohl Anweisungen, die im wesentlichen darin bestanden, was die Württemberger zu unterlassen hätten. Rommel gab zur Antwort, er werde Sproesser darüber Meldung machen. Man schied unfreundlich.

Das war der Abend des 24. Oktober des Jahres 1917. In den frühen Morgenstunden des 25. Oktober trägt Rommel dem inzwischen eingetroffenen Sproesser einen reizvollen Plan vor und bittet um Genehmigung, ihn in die Tat umsetzen zu dürfen. Sproesser stimmt zu, genehmigt ihm drei Kompanien und verspricht mehr, wenn die Sache gut geht. Rommel bereitet den Abmarsch seiner Abteilung vor, während Sproesser den Grafen Bothmer empfängt.

Das war am 25. Oktober 1917. Etwas mehr als vierundzwanzig Stunden später, am 26. Oktober vormittags ist Sproesser selber dran. Die Abteilung Rommel hatte wieder Gefangene in größerem Umfang gemacht – 3200 Mann dieses Mal – und die dem nachrückenden Major Sproesser entgegengeschickt. Der war deshalb der Ansicht, der Matajur sei bereits genommen, und hatte seinem Bataillon den Befehl zum Rückmarsch gegeben. Dieser Befehl hatte auch Rommel erreicht. Der allerdings wußte, daß die Arbeit noch nicht getan war. Sollte er den Kampf befehlsgemäß abbrechen? »Nein!«, schreibt Rommel: »Der Bataillonsbefehl war in Unkenntnis der Kampflage auf den Südhängen des Matajur gegeben.« Rommel sieht durchaus, daß er in nächster Zeit mit Verstärkung nicht rechnen kann, aber er ist zuversichtlich, bei seinem Angriff durch die Eigentümlichkeiten des Geländes unterstützt zu werden. »Und – jeder Württ. Gebirgsschütze wiegt 20 Italiener auf. Wir wagen den Angriff trotz unserer lächerlich geringen Kopfzahl.« Gegen zwölf Uhr ist man an der Spitze des Gebirgsmassivs angelangt. »Ich ordne für meine Abteilung eine einstündige Gipfelrast an. Sie ist wohlverdient.«

Den wohlverdienten Orden für diese Waffentat erhält er jedoch nicht. Wenigstens nicht sofort. Der vom Armeeführer Otto von Below ausgelobte Pour le mérite für die Erstürmung dieses Berggipfels ging an Leutnant Schnieber vom Königlich Preußischen 4. Schlesischen Infanterieregiment. Der Kaiser persönlich hängte dem jungen Offizier den Orden um. Der hatte aber mit seiner Kompanie den Monte Colonna unmittelbar hinter dem Monte Matajur erstürmt. Wenigstens, was die Meldung dieses Erfolgs an die höheren Befehlsstellen anging, scheint Schnieber schneller gewesen zu sein. Und die erste Meldung soll auch korrekt gewesen sein.

Rommel war nicht der Mann, das klaglos hinzunehmen. Er beschwerte sich – die Sache kam bis ins Militärkabinett – und erhielt am 10. Dezember 1917 – auch nachdem er in einem waghalsigen Unternehmen das Städtchen Longarone an der Piave eingenommen hatte –, den begehrten Orden. Es war gewissermaßen die letzte Gelegenheit: Der stürmische

Vormarsch der 14. Armee hatte sich erschöpft. Es fehlten die Kräfte und die Mittel, weiter zu kommen. Den Italienern gelang es, eine neue Front aufzubauen und zu stabilisieren. Auch wurden sie bald von französischen und britischen Einheiten unterstützt, die einen militärischen Zusammenbruch Italiens verhindern mußten. Rommel wird als Ordonanzoffizier zu einem Stab an der Westfront kommandiert. Am 18. Oktober 1918, drei Wochen vor Ende des Krieges, erreicht ihn die Beförderung zum Hauptmann. Er ist ein Kriegsheld.

Die Heimat empfängt ihn nicht als Helden. Er kehrt zu seinem alten Infanterieregiment nach Weingarten zurück. Im Dezember 1918 reist er quer durch Deutschland, um seine Frau aus Danzig zu holen. Er reist in Uniform und bekommt deshalb manchen Ärger. Es geht immer noch ein wenig revolutionär in den Ländern des Reichs zu. Das Reich ist Republik geworden, Rommel ihr Soldat. Aber die Soldaten der Reichswehr sollen unpolitisch sein. Das ist ein Unding: vom Begriff der Demokratie her – Volksherrschaft, und vom Regriff der Republik her – res publica: öffentliche Sache.

Empört über die Versailler Friedensbedingungen, die von nationalistischen Politikern der demokratischen Regierung angelastet wurden, putschten 1920 Freikorps-Kämpfer gegen diese Regierung. Der Kapp-Putsch – benannt nach dem von den Putschisten als Regierungschef vorgesehenen Generallandschaftsdirektor Kapp – brach schnell zusammen, weil Sozialdemokraten und Gewerkschafter den Generalstreik ausgerufen hatten. Die Reichswehr war durch große Zurückhaltung aufgefallen: »Truppe schießt nicht auf Truppe«, war ihre Losung gewesen. Als 1923 Hitler in München die Farce seines Putsches aufführte, fragten Mitglieder der Reichsregierung in Berlin beunruhigt, hinter wem denn nun die Reichswehr stünde. »Die Reichswehr steht hinter mir«, soll Seeckt gesagt haben. Immerhin standen die meisten seiner jungen Offiziere an der Kriegsschule in München hinter Hitler, weshalb der Chef der Reichswehr diese Institution umgehend nach Dresden verlegte. Die Haltung vieler seiner Offiziere änderte er auf diese Weise nicht.

Rommel, seit 1921 Kompaniechef in Ludwigsburg, mußte sich auf lange Jahre eines bescheidenen Dienstes ohne Chancen auf ein Avancement einstellen. Die Reichswehr protegierte die Helden des Krieges nicht. Er mag wegen seines hohen Ordens nicht die Wut seiner Offizierskameraden auf sich gezogen haben wie Jünger, der die Reichswehr 1923 verließ. Aber er merkte schon, daß er nicht vorwärts kam. Für die möglichen Karrieren wurden andere vorbereitet. Der schroffe, im Dienst überaus anspruchsvolle Schwabe hatte sich keine Freunde in der Hierarchie gemacht. Goslar hätte leicht der Endpunkt seiner Laufbahn sein können. Da traf er Hitler.

Sicherlich hat Hitler sich von Anfang an mehr um Rommel gekümmert, als Rommel um Hitler. Der mit dem Eisernen Kreuz dekorierte Gefreite des Krieges, den niemand zum Unteroffizier hatte machen wollen, mochte in dem süddeutschen Pour le mérite-Träger einen Schicksalsverwandten gesehen haben, den die verhaßte preußische Adelskaste, die das Militär auch nach der Niederlage von 1918 beherrschte, nicht hoch kommen ließ. Bei der raschen Vergrößerung des Heeres nach der Machtergreifung der Nationalsozialisten wäre Rommels Weg auch ohne Hitlers Hilfe nach oben gegangen. Doch der hatte seit Goslar einen Narren an ihm gefressen und wartete mit besonderen Gunstbeweisen auf. 1936 wurde der Lehrgangsleiter an der Kriegsschule in Potsdam zum militärischen Begleitkommando kommandiert, das mit Hitler zum Reichsparteitag nach München fuhr. Die ihm zugewiesene Rolle bei der Zusammenarbeit von Wehrmacht und Hitlerjugend war nicht ersprießlich und wurde bald abgegeben – Rommel trat nie in die Partei ein –, aber die Lektüre von »Infanterie greift an« begeisterte Hitler. Im Erscheinungsjahr dieses Buches, 1937, wurde Rommel Oberst, die Besetzung des Sudentenlandes machte er als Kommandant des Führerhauptquartiers mit, Ende 1938 wurde er Kommandant der Kriegsschule Wiener Neustadt, im März 1939 kommandierte er wieder das Führerhauptquartier beim Einmarsch in die so genannte Rest-Tschechei – hier gab er Hitler den Rat, ohne Begleitschutz mit dem Pkw auf die Prager Burg zu fahren. Hitler befolgte diesen Rat, aber entgegen Rommels Erwartungen machte ihn das bei den Tschechen nicht beliebter.

Am 1. August 1939 wurde Rommel Generalmajor. Den Einmarsch in Polen erlebte er wieder als Kommandant des Führerhauptquartiers. Im Krieg gegen Frankreich befehligte er eine Panzerdivision. Ein Jahr später, 1941, wurde er, inzwischen Generalleutnant, Befehlshaber des Afrika-Korps. Das war ein Aufblühen in der Sonne, die, für alle sichtbar, Hitler über ihn scheinen ließ. In Afrika wurde er zum Mythos – und zum Generalfeldmarschall. Rommel war nicht unempfänglich für solche Gunst. Seine Briefe an seine Frau sind permanent voll des Lobes für Hitler. Er hat ihn wirklich bewundert und für politisch respektabel gehalten. Nichts von dem, was in diesen Jahren geschah, scheint ihn erreicht zu haben. Wer von seinen in der Wehrmacht ebenfalls aufgestiegenen Offizierskameraden Rommel für einen Günstling Hitlers hielt, lag nicht falsch. Eine Gefahr des Irrtums konnte allerdings da liegen, wo man meinte einschätzen zu können, was das für Rommel bedeutete. Rommel bewunderte Hitler, aber er war kein Nationalsozialist. Berühmt geworden ist eine Episode aus dem Jahr 1943. Tischgast bei Hitler äußert sich der General über die Kritik, die im Ausland an Deutschland wegen der Behandlung der Juden geübt wird. Rommel findet das bedenklich und schlägt vor: »Wir würden in der Welt besser dastehen, wenn bei uns ein Jude Gauleiter werden könnte.« Hitler war konsterniert: Rommel, Sie haben nichts von dem verstanden, was ich will«.

Rommel hat es wohl nicht einmal zur Kenntnis genommen. Spätestens in Frankreich 1943/44, als Oberbefehlshaber der Heeresgruppe B und Inspekteur des so genannten Atlantikwalls, muß er präzisere und nicht mehr zu verdrängende Kenntnis von dem erhalten haben, was zumal im Osten hinter der Front geschah. Ernst Jünger, zu der Zeit Besatzungsoffizier in Paris, berichtet von dem, was ein ihm befreundeter Offizier, der von der Ostfront zu Besuch kam, zu erzählen wußte; er nennt diese Erzählungen »Capriccios«. Jünger selbst hatte einiges gesehen, als er zur Truppe im Kaukasus kommandiert war. In Paris gehörte er zu dem regimekritischen Kreis um Generaloberst Speidel, Rommels Generalstabschef in Frankreich. Speidel, Württemberger wie Rommel, genoß dessen Vertrauen, er war es auch, der ihm die »Friedensschrift« Jüngers zu lesen gab, die zu nutzen wäre bei dem Versuch, angesichts des absehbar verlorenen Krieges zumindest mit den Westalliierten einen Waffenstillstand anzustreben.

Dergleichen schwebte Rommel vor. Wenn von Widerstand die Rede war, dann konnte er sich auch vorstellen, Hitler zu verhaften und vor Gericht zu bringen. Das Attentat, zu dem es am 20. Juli 1944 kam, lehnte er ab. Hohe Offiziere, bei denen um Beteiligung an der Verschwörung nachgefragt wurde, haben unterschiedliche Gründe genannt, warum sie sich den vertrauensvollen Emissären verweigerten. Bei Rommel darf man als den tiefsten Grund für seine Ablehnung eines entschlossenen Handelns in diesem Fall vermuten, daß sein Glaube an Hitler zu tief gewesen war und zu lange sein Leben auch im privaten Bereich begleitet hatte. Rommels Ehefrau hat es auch nach 1945 – und nachdem ihr Mann von Hitlers Leuten zum Selbstmord genötigt worden war – abgelehnt, der Behauptung zuzustimmen, daß Rommel an der Verschwörung gegen Hitler beteiligt war.

Immerhin verbot er seinem Sohn Manfred, der SS beizutreten. Auch unternahm er jetzt verzweifelte Versuche, mit dem »Führer« ins Gespräch zu kommen über das, was ihn politisch beunruhigte. Nach der Landung der Alliierten in Nordfrankreich, nach der Kapitulation von Cherbourg, Ende Juni 1944, reiste Rommel zu einer Besprechung mit Hitler nach Berchtesgaden. Er versuchte den Diktator über die militärische Lage mit Hinweisen auf die internationalen Kräfteverhältnisse zu unterrichten. Hitler wollte davon nichts hören. Am Ende des fruchtlosen Gesprächs raffte sich Rommel noch einmal auf: er könne nicht gehen, ohne mit dem »Führer« über Deutschland gesprochen zu haben. Hitler warf ihn hinaus: »Herr Feldmarschall, sie verlassen besser das Zimmer.«

Im Kreis der Verschwörer in Paris gab es Männer, die Rommel respektierten. Hier dachte man daran, bei einem Staatsstreich die Popularität des »Wüstenfuchses« zu nutzen, um die Bevölkerung zu größeren Teilen für die Ziele der Verschwörer zu gewinnen. Sogar Soldaten der SS. Rommel fühlte am 17. Juli 1944 bei den Kommandeuren des Ersten und Zweiten SS-Panzerkorps, Bittrich und Dietrich vor. Nachdem Bittrich mit heftiger Kritik an der obersten militärischen Führung Rommel gegenüber zu erkennen gegeben hatte, daß mit ihm über manches zu reden sei, eröffnete ihm der Oberbefehlshaber der Heeresgruppe: »Herr Bittrich, ich würde mich ja einer neuen Staats- und Wehrmachtsführung zur Verfügung stellen – vorausgesetzt, daß kein Attentat auf den Führer unternommen wird!« Bei Dietrich war Zurückhaltung geboten. Rommel hatte das zu spüren bekommen, als der fanatische Nationalsozialist aus Bayern 1943 die Division »Leibstandarte Adolf Hitler« in Italien führte und dabei dem Afrika-Heimkehrer einige bedrückende Einsichten in die Kriegführung Hitlers verschaffte. Rommel fragte ihn jetzt vorsichtig, ob der Panzerführer seinen Befehlen auch dann gehorchen würde, wenn sie nicht im Einklang mit den Anweisungen Hitlers stünden. Dietrich soll geantwortet haben: »Sie, Feldmarschall, sind mein Oberbefehlshaber; ich gehorche nur Ihnen, was Sie auch vorhaben werden.« Rommel bekam davon den Eindruck, auf Dietrich sei Verlaß. Wenige Stunden nach diesem Gespräch, am Abend des 17. Juli, wurde der Wagen des Feldmarschalls auf der Straße von Livarot nach Vimoutiers von britischen Spitfires überrascht. Der Beschuß war verheerend. Rommel wurde aus dem Wagen geschleudert und zog sich einen Schädelbasisbruch zu. Ernst Jünger notierte dazu in seinem Pariser Tagebuch: »Der Treffer, den er am 17. Juli 1944 auf der Straße nach Livarot erhielt, beraubte den Plan der einzigen Schultern, denen das fürchterliche Doppelgewicht des Krieges und des Bürgerkrieges zuzutrauen war – des einzigen Mannes, der Naivität genug zum Widerpart der fürchterlichen Simplizität des Anzugreifenden besaß. Er war ein eindeutiges Vorzeichen.« (»Strahlungen«)

Als das Attentat mißlang, zeigte sich, daß Rommel solchen Respekt nicht überall genoß, am wenigsten im Oberkommando der Wehrmacht in Berlin. Der Aufstieg als Günstling Hitlers hatte ihn konservativen Generalen suspekt gemacht, nationalsozialistisch gesonnene Offiziere aber waren von Neid und Mißgunst ihm gegenüber erfüllt. Fast alle jedoch mißbilligten die Methode, mit der er gerade auch im Zweiten Weltkrieg seinen Ruhm erlangt hatte: Rommel geht schneidig voran und sammelt Lorbeeren. Andere müssen mühselig hinterherziehen und die Nachschublinien sichern. Wieder andere müssen sich etwas einfallen lassen, um das, was Rommel eigenwillig erreicht hat, in eine weitere sinnvolle Kriegsplanung zu integrieren. Rommel war bei der militärischen Führung in Berlin isoliert.

Und die wahrscheinlich betrieb auch seinen Untergang. Hitler hatte Rommel als Verschwörer zunächst nicht auf dem Zettel. Nachdem der Feldmarschall bei dem Tieffliegerangriff auf seinen Pkw schwer verwundet worden, kam er ins Lazarett und trat dann einen Genesungsurlaub an. Es waren Wehrmachtsgenerale, die aus den Vernehmungen der Verschwörer des 20. Juli ein Netz knüpften, in dem sie den international so hoch geachteten Truppenführer fangen konnten. Als Rommel dann von einem Denunzianten in seiner schwäbischen Heimat wegen defätistischer Äußerungen direkt bei Bormann gemeldet wurde und dieser das sogleich an Hitler weitergab, war das Schicksal des einstigen Güstlings besiegelt. Rommel wußte, wie sehr die Stimmung in Berlin gegen ihn war. Er folgte deshalb einem am 7. Oktober 1944 ergangenen Befehl, sich in Berlin zu melden, mitnichten. Doch in Berlin hatte man gar nicht die Absicht, sich des Feldmarschalls spektakulär zu entledigen, ihn gar vor Gericht zu stellen. Dafür war er in der Öffentlichkeit zu beliebt, das hatte die offizielle Propaganda gründlich besorgt. Die Angelegenheit wurde vornehm der Wehrmacht zugespielt.

Am 14. Oktober kamen zwei Generale nach Herrlingen, seinem Wohnort, und stellten ihn vor die Alternative: Prozess, Verurteilung, mit allem, was das für die Familie bedeutete, oder: Selbstmord mit Gift, als Unfall zu tarnen, Staatsbegräbnis, Sicherheit für die Familie. Rommel wählte das letztere.

Die wenigsten von denen, die Rommels Namen kennen und den Feldherrn des Zweiten Weltkriegs bewundern, wissen etwas von seinen Leistungen im Ersten Weltkrieg. Beides: seine Karriere in den Jahren der Diktatur, aber auch seine Leistungen an der Spitze seiner Panzer in Frankreich und Nordafrika haben die Erinnerung daran verblassen lassen. Sicherlich verdankte er seine Beliebtheit bei Hitler dem Ansehen, das er sich zumal in der 12. Isonzo-Schlacht erworben hatte. Doch er erkannte nicht, daß sein Ansehen bei diesem Mann sein Unglück bedeuten konnte.

Im öffentlichen Leben tat Rommel so, als sei er allein auf der Welt. Er nahm, was sich ihm bot, weil er es als Anerkennung für seine Tüchtigkeit nehmen konnte. Er schaute nicht hin, wer ihm etwas bot, und er bemerkte nicht, wie von anderen seine Tüchtigkeit eingeschätzt wurde. Er vermeinte allzu lange, um das, was um ihn herum geschah, brauche er sich nicht zu kümmern, das werde schon seinen Gang gehen, wie es vernünftig sei, und er werde zurecht kommen, so lange er nur seine Sache ordentlich mache. Und seine Sache war der Krieg.

Ein Held, der von der Welt nichts wissen will, hat kaum noch Möglichkeiten, verantwortlich zu handeln, wenn ihre Botschaften ihn überwältigen. Daß Rommel, der so lange neben den Ereignissen gestanden hatte, am Ende gleichwohl von dem, was wirklich war, erreicht werden konnte, bezeugt schließlich doch die tief gegründete Basis seiner frühen Heldenhaftigkeit: den Sinn für Tatsachen und den Mut, sich ihnen zu stellen. Als es so weit war, hatte er nur noch die eigene Katastrophe vor Augen. Der Held rettet seine Familie. Mehr war nicht mehr zu retten. Aber nicht die Schurken behielten das letzte Wort. Den Ruhm des Soldaten verkündeten seine Gegner im Krieg nach ihrem Sieg. Das war eine andere Zeit gewesen.

Paul von Lettow-Vorbeck

Friedrich Nietzsche schreibt in seiner Ersten Unzeitgemäßen Betrachtung über den Mangel an Kultur in Deutschland: »Kultur ist vor allem Einheit des künstlerischen Stils in allen Lebensäußerungen eines Volkes. Vieles Wissen und Gelernthaben ist aber weder ein nothwendiges Mittel der Kultur, noch ein Zeichen derselben und verträgt sich nöthigenfalls auf das beste mit dem Gegensatze der Kultur, das heißt: der Stillosigkeit oder dem chaotischen Durcheinander aller Stile.«

Barbarei kann auch noch etwas ganz anderes sein, aber das hatte Nietzsche nicht vor Augen, als er 1873 seine Polemik erscheinen ließ. Damals war Paul von Lettow-Vorbeck drei Jahre alt. Sein Vater war preußischer Offizier im besetzten Frankreich, und er selbst lernte zwischen den Eltern und dem Personal munter deutsch und französisch durcheinander sprechen. Einige Jahre später und längst zurück in Berlin sollte das so weiter gehen. Er kam aufs Französische Gymnasium in der Dorotheenstraße. Hier hatte man von der ersten Klasse an jeden Tag eine Stunde Französisch, und von der vierten Klasse an wurde der ganze Unterricht nur noch in Französisch erteilt.

So weit kam es aber nicht mit Paul von Lettow-Vorbeck. Elf Jahre alt, wurde er in die Kadettenanstalt Groß-Lichterfelde gesteckt – für einen Jungen aus einer Familie, von der allein in der Schlacht bei Leuthen sechs Offiziere gefallen waren, etwas Selbstverständliches. Auch hier wurde ein ehrgeiziges Bildungsprogramm durchgezogen. Der Heranwachsende lernte nicht nur, einige Klimmzüge mit nur einem Arm fertigzubringen, er las mit seinen Freunden auch Plato, Kant und Schopenhauer. In seinen Lebenserinnerungen von 1957 schreibt Lettow-Vorbeck tatsächlich »Plato«, gebraucht also die lateinisch-philologische Form des Namens und nicht die bei den deutschen Philosophen seiner Zeit übliche griechische mit dem Konsonanten am Schluß. Er gehörte zu den ersten Jahrgängen der Kadettenanstalt, die ein ordentliches, an den Anforderungen des Realgymnasiums orientiertes Abitur ablegten. Er machte ein so gutes Abitur, daß er eine Belobigung durch den Kaiser erhielt.

Mehr als siebzig Jahre später, am 20. März 1960, wird der 90. Geburtstag des in vier Jahren in Ostafrika unbesiegten Truppenführers lebhaft gefeiert. Politische Prominenz ist dabei, und aus seiner eher zufälligen Geburtsstadt Saarlouis ist eine Abordnung vom Stadtrat gekommen. Die großen Zeitungen würdigen ihn in ausführlichen Artikeln. Die Deutschen – oder doch viele von ihnen – scheinen erleichtert zu sein, endlich einen Kriegshelden vorzeigen zu können, der ohne Fehl und Tadel ist. Selten bleibt unerwähnt, daß sein mächtigster Gegner in Deutsch-Ostafrika, der längst verlorenen Kolonie des Kaiserreichs, der südafrikanische General Jan Smuts – später Präsident seines Landes – ihn in der Notzeit nach dem Zweiten Weltkrieg mit Lebensmittelpaketen unterstützt hat. Und gern erinnert man sich an die Geschichte aus dem Dezember 1916, die er selbst in seinem Buch »Meine Erinnerungen aus Ostafrika« (1920) erzählt: »Zu jener Zeit erhielt ich eines Tages ein persönliches Schreiben des britischen Oberbefehlshabers General Smuts, in welchem er mir die Verleihung des Ordens Pour le mérite mitteilte und die Hoffnung aussprach, daß sein herzlicher Glückwunsch mir nicht unangenehm sein würde. Ich dankte ihm in ebenso höflicher Weise.« Die Kriegführung, zu der Lettow-Vorbeck damals gezwungen war, nannte man später Guerillakrieg. Doch gab es auch in Ostafrika eine Schlacht nach klassischem Muster, wenn auch in deutlich kleinerem Maßstab.

Am 2. November 1914 erschienen Kampfschiffe und Transportschiffe mit einem britisch-indischen Expeditionskorps, das bei der Stadt Tanga an Land gehen sollte. Lettow-Vorbeck hatte in dieser Gegend eine Landung erwartet, denn der Ort war gut gewählt. Er lag in der Nähe der Grenze zu Britisch-Ostafrika, hinter welcher von Mombassa aus die Ugandabahn über Nairobi zum Viktoriasee führte. Durch den See verlief die Grenze in ost-westlicher Richtung. Tanga selbst war Ausgangspunkt einer Schmalspurbahn, die zum Kilimandscharo führte, nicht fern der Grenze auf dem Gebiet von Deutsch-Ostafrika. Gelang es den Engländern, von Tanga aus diese Bahnlinie in ihren Besitz zu bringen, standen für die Deutschen die Aussichten schlecht, im Norden der Kolonie militärisch noch etwas auszurichten. Es wäre dann vermutlich sehr rasch auch die Centralbahn von Daressalam über Tabora zum Tanganjika-See in britische Hand gefallen, und damit wären die Deutschen von den wichtigsten Verkehrslinien ins Landesinnere abgedrängt gewesen.

Erste Gefechte am 2. November zeigten, wie die Briten vorzugehen gedachten. Von ihrem Landeplatz zwischen Tanga und Ras Kazone aus wollten sie unter Deckung des Feuers aus den Geschützen ihrer Kreuzer gegen die Stadt vorrücken. Mit allen zur Verfügung stehenden Transportmitteln brachten die Verteidiger ihre Kompanien – darunter auch Askari-Kompanien, also aus farbigen Soldaten gebildete Einheiten – an diese Stelle. Doch so viel auch herbeigeschafft werden konnte – die Bahn brachte die frisch eintreffenden Truppenteile fast bis in die Feuerzone der anhebenden Kämpfe – es blieb eine erschreckende Unterlegenheit der Deutschen Kräfte gegenüber dem britischen Expeditionskorps. Es hatten etwa 800 bis 1000 Mann, zum Teil mit veralteten Waffen, 8000 Angreifer aufzuhalten, darunter Teile des Loyal-North-Lancashire Regiments. Ein Vorteil für die Verteidiger bestand darin, daß sie das Gelände in und um Tanga herum gut kannten, die Angreifer aber überhaupt nicht wußten, was sie erwartete.

Die Landung zog sich lang hin, und Lettow-Vorbeck hatte Zeit und Gelegenheit zu beobachten, wie sich die Dinge anließen. Bald war erkennbar, daß sich die Briten und Inder am Strand entlang auf die Stadt zubewegten und daß sie nicht viel Sorge dafür trugen, was am linken Rand ihres Vormarschs geschehen könnte. Daraus ergaben sich die ersten Dispositionen für die Verteidigung. Man würde den Gegner frontal gegen eine Verteidigungslinie laufen lassen und Reserven am rechten Flügel zurückhalten, um im geeigneten Augenblick einen Verstoß in die ungesicherte Flanke des Angreifers vorzunehmen. Das war ein guter Plan, allein er änderte nichts an der drückenden Überlegenheit der Angreifer. Für das Auffangen des Hauptstoßes stand zunächst nur eine Kompanie zur Verfügung, die allerdings umgehend durch zwei weitere aus der Reserve des Kommandeurs verstärkt wurde. Für den Vorstoß in die Flanke des Gegners hatte dieser dann allerdings nur noch eine Kompanie präsent und eine weitere, auf deren baldiges Eintreffen er hoffte.

Dennoch war Lettow-Vorbeck entschlossen, sich zum Kampf zu stellen. »Freilich, wenn die Sache unglücklich ablief«, schreibt er in seinem Ostafrika-Buch, »war es schlimm. Schon bisher war die Art meiner aktiven Kriegführung mißbilligt worden. Kam hierzu noch eine große Niederlage im Gefecht, so war es mit dem Vertrauen der Truppe endgültig vorbei.« Und Jahrzehnte später erinnert er sich (»Mein Leben«) 1957: »Das alles mußte geschehen gegen die ausdrücklichen telegraphischen Verbote des Gouverneurs, bei Tanga zu kämpfen, die bis in die Schützenlinie gelangten.«

Es wurde an diesem 4. November des Jahres 1914 drei Uhr nachmittags, als dem Kommandeur das Eintreffen des Feindes auf dem vorgesehenen Gefechtsfeld gemeldet wurde. Die am nächsten zum Gegner stehende Kompanie wurde zurückgeworfen, es entspann sich ein Häuserkampf zwischen Bahnhof und Stadt. Jetzt griffen die beiden hierhin entsandten Kompanien aus der deutschen Reserve ein, und es gelang ihnen, die achthundert Lancashires zurückzudrängen. Ebenso wurde eine indische Brigade, die zwischen diesem und dem Strand operierte, zum Weichen gebracht. Dennoch blieb der Druck des Expeditionskorps auf die Verteidiger ungeheuer stark. Lettow-Vorbeck glaubte, jetzt nicht länger warten zu dürfen und ging mit der einstweilen letzten Kompanie, die ihm verblieben war, gegen den Feind vor. Hätte er es zu früh getan, wäre ihre Wirkung bei der Eingliederung in die bedrängte Front bedeutungslos gewesen, hätte er es zu spät getan, wäre nichts mehr zu retten gewesen. Immer noch hatten die Briten nichts unternommen, um mit ihrer weit überlegenen Zahl an Mannschaften die Front breiter zu machen und sich vor Überraschungen in der Flanke zu schützen.

Genau diese erlebten sie jetzt. Die Maschinengewehre der nun frisch eingesetzten Kompanie eröffneten das Dauerfeuer, und dies bewirkte ein sofortiges Umkippen der Gefechtslage. In die Verwirrung des Feindes hinein gingen auch die bis dahin mehr um ihr Überleben kämpfenden Soldaten der Verteidigungsfront zum Angriff über. Jetzt traf auch die sehnlichst auf dem Transportwege erwartete zusätzliche Kompanie ein und rückte zwischen der Verteidigungslinie und der die Flanke attackierenden Einheit vor. Das war nicht so gewollt, ursprünglich hatte sie die Flankenbewegung an ihrem Flügel unterstützen sollen. Doch da sich das Expeditionskorps nun schon in wilder Flucht aufzulösen begann, war das nicht mehr wichtig. »Der Feind«, schildert Lettow-Vorbeck (»Ostafrika«) die Situation, floh »in dicken Klumpen davon, und unsere Maschinengewehre aus Front und Flanke konzentrisch auf ihn wirkend, mähten ganze Kompanien Mann für Mann nieder.« So, schreibt er in seinen Lebenserinnerungen, wurden sie am nächsten Tag beerdigt.

Auch auf deutscher Seite waren die Verluste hoch. Lettow-Vorbecks Freund Tom von Prince, der Hauptmann, der mit den beiden aus der Reserve genommenen Kompanien die wankende Frontlinie stabilisierte, kam dabei ums Leben. Die deutschen Verluste waren strategisch deshalb so bedenklich, weil fertig ausgebildete Truppen jetzt nicht mehr als Ersatz in die Kolonie geschafft werden konnten, und der Kommandeur der Schutztruppe täuschte sich nicht: »Trotz der zweifellosen Niederlage bei Tanga war es doch wahrscheinlich, daß die britische Zähigkeit diese Entscheidung nicht als eine endgültige hinnehmen würde.« (»Ostafrika«) Zu Beginn des Krieges war die Schutztruppe 2600 Mann stark gewesen, davon waren 2400 Farbige. In den ersten Monaten wurde sie

sukzessive verstärkt, beim Anteil der Weißen durch Schiffsbesatzungen der Kriegsschiffe »Königsberg« und »Möve«, die
vor der Küste der Kolonie aufgegeben und gesprengt werden
mußten, aber auch durch Polizeibeamte und Freiwillige von
den Farmen auf 3000, bei den Farbigen auf 11 000 Soldaten.
Die Gesamtzahl der auf diesem Kriegsschauplatz eingesetzten gegnerischen Kräfte wird auf 300 000 geschätzt. Bei Tanga
hatten die Briten 2000 Mann an Toten zu beklagen.

Die Schwere der Niederlage irritierte die Engländer nach-
haltig. Lange hielt sich bei ihnen die Legende, die Verwirrung
in ihren Truppen, das Durcheinander, das während ihres
Angriffs entstand, sei durch Bienen verursacht worden, die
plötzlich in großer Zahl über die Soldaten hergefallen seien.
Diese Bienen, meinten sie, hätten die Deutschen exakt zu diesem Zweck dressiert. Lettow-Vorbeck bemerkte dazu, die
Bienen, die hoch in den Bäumen ihre Behausungen gehabt
hätten, seien durch das Artilleriefeuer wild geworden. Sie
hätten auch den deutschen Truppen arg zugesetzt. Immerhin
war den Briten ihre Erklärung der Katastrophe lieber als die,
die der Gegner zu geben hatte. Fast genüßlich analysiert Lettow-Vorbeck in seinen Lebenserinnerungen anhand einer
englischen Gefechtsskizze »den sehr ordentlichen und syste-
matischen Aufmarsch um 12.30 Uhr. Auffallend ist, daß der
Führer sich auf seinem rechten Flügel, wo er gar keine Bewegungsfreiheit hat und ans Meer angelehnt ist, am tiefsten
gestaffelt hat. Dort, wo es gegen frontales Feuer kein Aus-
weichen und keine Deckung gibt«. Und auf seinem linken
Flügel, wo Bewegungsfreiheit vorhanden sei, fehle es an
Truppen. »Auch sucht man hier, wo wahrscheinlich die Entscheidung fallen wird, vergeblich das beste Regiment. Dieses,
die britischen Loyal-North-Lancs, findet man in der Mitte

der Front, in indische Regimenter eingeteilt, so daß diese Kerntruppe keine Bewegungsfreiheit hat.«

Es sind dieses allerdings Fehler, die zu vermeiden schon der Elementarunterricht in der Kriegsgeschichte lehrt. In der Schlacht bei Marathon hatten die Perser, wie es bei ihnen üblich war, ihre berittenen Truppen ins Zentrum gestellt. In der Enge des Tales konnten sie nicht zur Entfaltung kommen, bedrängt von der Phalanx der Griechen waren sie um jede Wirkung gebracht. Alexander der Große setzte richtigerweise die Reiterei, die er selbst führte, auf einem der Flügel ein und spielte so Dynamik gegen Massivität aus.

In der Schlacht bei Cannae hatte Hannibal eher schwächere Truppen in sein Zentrum gestellt, das leicht zurückzuweichen bestimmt war; die stärkeren sollten auf den Flügeln angreifen, wo sie sich nach Bedarf entfalten konnten. Die Römer hatten ihre besten Leute sehr dicht beieinander ins Zentrum gestellt. Von dort sollten sie die karthagische Linie durchbrechen. Doch das aus der Mitte heraus beginnende taktische Zurückgehen des Gegners schob die römischen Angreifer noch enger ineinander, so daß viele überhaupt nicht mehr in den Kampf eingreifen konnten. Als zudem der Angriff von den beiden Flügeln gegen sie losbrach und sie schließlich auch im Rücken gefaßt wurden, war der größte Teil ihres Heeres nahezu wehrlos.

Franz von Hipper und Erwin Rommel hatten nie eine Admiralstabs- bzw. Generalstabsausbildung genossen. Paul von Lettow-Vorbeck folgte dem dringlichen Rat seines Vaters, sich um die Aufnahme in die Kriegsakademie zu bemühen. Dazu mußte man ein Examen ablegen, und Lettow-Vorbeck schaffte die Aufnahme erst im zweiten Anlauf, denn der Andrang war groß. In seinen Lebenserinnerungen beglückwünscht er sich zu diesem Schritt: »Es mag Leute geben, die geborene Feldherren sind und keine Vorbildung hierzu nötig haben ... Mir sind solche geborenen Feldherren nicht bekannt geworden, und ich habe gefunden, daß auch hierzu Schulung und Ausbildung nötig ist, wie in jedem Beruf.«

Die Engländer scheinen damals auf die Ausbildung ihrer Armeeoffiziere nicht sonderlich viel Wert gelegt zu haben, so daß es für den Kommandeur der deutschen Schutztruppe nachgerade zur Gewohnheit wurde, mit taktischen Fehlern seiner Gegner zu rechnen. Über ein schwieriges Gefecht in bedrängter Lage im Oktober 1917 notiert er: »Zu meiner vielleicht auffälligen Taktik bestimmte mich auch die Persönlichkeit des feindlichen Führers. Vom General Beves war mir vom Gefecht von Reata (11. März 1916) her bekannt, daß er seine Truppen mit großer Rücksichtslosigkeit einsetzte und nicht davor zurückscheute, einen Erfolg statt durch geschickte Führung und deshalb mit geringeren Verlusten, vielmehr durch einen immer wiederholten Frontalangriff anzustreben, der, wenn der Verteidiger standhielt und über einigermaßen ausreichender Kräfte verfügte, zu schweren Verlusten des Angreifers führte«. (»Ostafrika«) Auch hier, bei Mahiwa vom 15. bis zum 18. Oktober 1917 führte Lettow-Vorbeck seinen Erfolg auf die Fehler des Gegners zurück.

Aber die Beurteilung des General Beves hat er später dann doch korrigiert. Dieser, heißt es in Lettow-Vorbecks Lebenserinnerungen, sei durch seine Vorgesetzten immer wieder gedrängt worden, »rücksichtslos die Deutschen anzugreifen, wann und wo er sie finden würde. So hat er gegen seine innere Überzeugung gehandelt. Ein Beispiel dafür, daß man dem Untergebenen die Art der Ausführung überlassen soll, besonders, wenn der Oberführer die Lage an Ort und Stelle nicht übersehen kann.« Auch hier führt der gebildete Offizier den Erfolg »zum großen Teil« auf Zufall zurück: »Ein zweiter Glücksfall kam hinzu, wie ich von General O'Grady erfuhr. Dieser führte die südliche Kolonne, also die linke Flügelkolonne der Division Beves, und befand sich während des Gefechts in erreichbarer Nähe. Er griff aber nicht ein, weil entsprechende Befehle des General Beves für ihn nicht vorlagen.« (»Mein Leben«)

Lettow-Vorbeck kannte die Eigentümlichkeiten des englischen Militärs seit langem. Während seines zweiten Jahres beim Generalstab (1900) wurde er zu dem Expeditionskorps abkommandiert, das im Rahmen einer internationalen Eingreiftruppe die Boxerunruhen in China beenden sollte. Er schiffte sich in Bremen als Adjutant der 1. Ostasiatischen Infanteriebrigade ein, die General von Schwarzhoff kommandierte, einer der glänzendsten Generalstäbler des Heeres. Obwohl in der Hauptsache mit Stabstätigkeit befaßt, nahm Lettow-Vorbeck auch an einzelnen Kampfunternehmungen teil. Dabei und danach unterhielten sich die Offiziere über ihre Beobachtungen. Die Engländer waren erstaunt über die Präzision der deutschen Truppenbewegungen; bei ihnen selbst, so ein englischer General zu dem jungen Preußen, gebe es immer »delay and delay« – Verzögerung und Verzögerung; gemeinsame Unternehmungen gelängen deshalb kaum jemals. In Ostafrika, resümierte später Lettow-Vorbeck diese Erfahrung, konnte er seine Vorteile daraus ziehen.

Bei Mahiwa hatte die Schutztruppe von den etwa 1500 Soldaten, die hier im Einsatz gewesen waren, ein Drittel verloren. Die Verluste der Briten bezifferten sich auf 2500 Mann – von 4900, die in den Kampf geschickt worden waren. Bei seinen Ausweichbewegungen überschritt Lettow-Verbeck wenig später die Grenze zu Mosambique – auch Portugal war Kriegsgegner geworden –, kehrte auf das Gebiet von Deutsch-Ostafrika zurück, griff Anfang November noch nach Britisch-Rhodesien aus und erfuhr am 13. November morgens, daß in Europa die kriegführenden Mächte einen Waffenstillstand abgeschlossen hatten. Der Kommandant der Schutztruppe war gerade mit seinem Fahrrad unterwegs, als ein Hauptmann, ebenfalls auf einem Fahrrad, ihn erreichte und ihm die Meldung übermittelte. Es war eine kleine Truppe, die nun von den Engländern in die Gefangenschaft geschickt wurde und zuvor ihre Waffen, zumeist erbeutete englische und portugiesische abgeben mußte.

Das war so ganz korrekt nicht. Nach den Bedingungen des Waffenstillstands im Paragraph 17 hatten die Deutschen ihre Kolonie in Ostafrika zu räumen. Der englische General Deventer, der einen Sieg an seine Fahnen heften wollte, machte daraus eine Übergabe. Die Schutztruppenleute hielten sich für unbesiegt. Auch das deutsche Heer in Mitteleuropa hielt sich für »im Felde unbesiegt«. Das Wort sollte in den folgenden Jahren in Deutschland viel politischen Schaden anrichten, denn es basierte auf einer Lüge, mit der den demokratischen Politikern und ihren Parteien das Leben schwer gemacht wurde. Ganz ohne Zweifel hat der erste Biograph Erwin Rommels, der englische General Desmond Young recht, wenn er in seinem Buch von 1950 schreibt: »Die deutsche Armee war im Felde einwandfrei geschlagen. Die Blockade hatte den Widerstandswillen in der Heimat gebrochen. Die Niederlage hätte verzögert werden können, aber sie war nicht mehr aufzuhalten.« Davon konnte in Ostafrika keine Rede sein. Lettow-Vorbecks Truppe kämpfte schon lange ohne Unterstützung aus der Heimat, die Alliierten in der Region waren unfähig, ihr eine ernsthafte Niederlage beizubringen. »Wir hätten eigentlich ruhig weitermarschieren können«, schreibt der Arzt Ludwig Deppe in seinem Buch »Mit Lettow-Vorbeck durch Afrika« (1919).

Aber sie hätten eben zunächst in Britisch-Rhodesien weitermarschieren müssen, und das verdroß die Engländer. Sie mochten es lieben, den Krieg als eine Art Sport zu nehmen – und die meisten ihrer Offiziere, so wird berichtet, verhielten sich gegenüber den deutschen Gefangenen sehr angenehm – aber sie liebten es nicht zu verlieren. Schon die Schlacht vor Jütland (»Skagerrak«) hatte zu sehr nach einer verlorenen Schlacht ausgesehen, um die Sache auf sich beruhen zu lassen. Die Engländer versuchen bis heute herauszufinden, was da geschehen war. Und gegen Lettow-Vorbecks Schutztruppe hatten sie eindeutig nicht gesiegt. Der Waffenstillstand anderswo brachte das Ende.

Es wird Ende Januar, bis die Deutschen – nicht nur die Soldaten der Schutztruppe – Daressalam verlassen. Das Schiff hieß früher »Feldmarschall« und gehörte der deutschen Ostafrika-Linie. Jetzt heißt es »Fieldmarshal« and gehört der Union-Castle-Linie. Deppe notiert: »Die Offiziere haben Kabinen, ebenso kranke oder bevorzugte Frauen; vorläufig auch die Ehepaare der letzten 155, jetzt nur noch 144, da 11 unserer Kameraden der tückischen Influenza zum Opfer gefallen sind! Dagegen sind die Unteroffiziere und besonders die anderen Frauen und Kinder in großen Schlafsälen unwürdig untergebracht. – Nun, General von Lettow ist die Einteilung der für die Truppe bestimmten Schiffsräume von den Engländern überlassen! Da wird hoffentlich Härte und Ungerechtigkeit vermieden. (Leider erfüllte sich diese

Hoffnung nicht −).« Des weiteren erinnert sich der Arzt, der während der »Schlacht bei Tanga«, wie sie bei ihm heißt, unentwegt im Hospital der Stadt hereinkommende Verwundete operiert hatte: »Wir sprechen viel von Deutschlands Schicksal und den Ursachen dazu. Ich werde die Worte von Bartsch nicht los: ›Die Deutschen sind selber noch Barbaren. Es mangelt ihnen an Urbanität! Leichte elegante Übung der Umgangsformen, freundliche Schätzung des Nächsten: wann wird uns das sichtbare Siegel aller Kultur endlich aufgedrückt?‹«

Erst in Rotterdam, dann in Berlin wurden die Ostafrikaner jubelnd empfangen. Es waren wenige, die den vierjährigen Krieg im Busch und seine Strapazen überlebt hatten. Sie hatten alles verloren. War es richtig gewesen, in der fernen Kolonie zu kämpfen? Der deutsche Gouverneur, Dr. Schnee, war dagegen gewesen und hatte auf Verhandlungen mit den Engländern gesetzt. Die Engländer wollten beides: verhandeln und die Kolonie besetzen. Lettow-Vorbeck schuf Tatsachen, indem er überall, wo es ihm notwendig erschien, die »vollziehende Gewalt« übernahm und eine Verteidigung vorbereitete. Er zog sich mit seinem Eifer den Spitznamen »der tolle Mulla« zu. Das erklärte Kriegsziel des Oberstleutnants war es, so viele britische Truppen wie möglich in Ostafrika zu binden. Nach der Zahl der Truppen, die schließlich seinem umherirrenden Häuflein gegenüberstanden, hat er sein Ziel erreicht. Gemessen an den Zahlen, die in Europa das hin her an den Fronten bestimmten, bedeutete das nichts. Der Gouverneur hatte versucht, die Beschießung von Tanga durch die englischen Schiffe zu vermeiden, weil er um das Leben und die Häuser der Europäer fürchtete. Lettow-Vorbeck fürchtete mehr, daß die Engländer, wenn sie einmal da wären, sich alles nehmen würden und ihn und seine 2000 weißen Soldaten in Gefangenschaft stecken würden. Zumindest diese Befürchtung sollte sich als berechtigt erweisen. Bei den Soldaten der britischen und indischen Regimenter, die bei Tanga an Land gegangen waren und erwartet hatten, die Stadt im Spaziergang zu besetzen, hatte man zahlreiche Handschellen gefunden, um den Verhandlungen mit den Deutschen den gehörigen Abschluß zu geben.

Entscheidend freilich dürfte für den Kommandeur der Schutztruppe gewesen sein, daß er nicht Soldat geworden war, um sich bei Ausbruch des Krieges sogleich dem Feind zu ergeben. Auch hier war es eine Frage der Mentalität. Und es war die Frage, was für einen Krieg erwartete man denn?

Alle deutschen Hoffnungen, alle deutschen Planungen gingen davon aus, daß es einen kurzen Krieg geben würde. Kluge Leute ahnten, daß Deutschland einen langen Krieg kaum würde gewinnen können. Den gewaltigen politischen Ballast der belgischen Neutralitätsverletzung hatte das Reich nur auf sich genommen, weil man sich von dem Aufmarschplan, der diese erforderte, ein rasches Kriegsende versprochen hatte. Das Vorstürmen der deutschen Armeen in den ersten Wochen schien den Planern Recht zu geben. Als der soeben ausgebildeten Ernst Jünger Ende 1914 im Westen an die Front kam, da fragten ihn die mit Nachrichten aus Hannover oder Berlin nicht eben überversorgten Soldaten der Kompanie, wann denn jetzt der Frieden käme – sei es, weil sie glaubten, ihn schon erfochten zu haben, sei es, weil es ihnen unterdessen schon gleichgültig war, wer den Krieg gewann. Hätte sich der Berufssoldat Paul von Lettow-Vorbeck, dessen Ur-Ur-Großonkel Heinrich Wilhelm als Major 1762 von Friedrich dem Großen mit dem Pour le mérite ausgezeichnet worden war, die von ihm aus professionellen Gründen zuversichtlich erwarteten Erfolge der deutschen Truppen in den ersten Wochen und Monaten aus der Gefangenschaft angucken sollen?

So grauenhaft die Verheerungen waren, die der Krieg in Ostafrika anrichtete, so bedrückend das Schicksal der Träger war, die den Transport für die Truppen in schwierigem Gelände zu besorgen hatten – zu erwarten, daß der auslandserfahrene Kommandeur der deutschen Schutztruppe kampflos die Waffen strecken würde, war damals lebensfremd, und es im nachhinein und gar aus heutiger Sicht als die bessere Entscheidung anzusehen, ist anachronistisch. Wer eine Truppe einberuft, ausbildet und bewaffnet, tut dies, damit sie gegebenenfalls kämpfend einen Auftrag erfüllt, und nicht, um zu sehen, wie sie jeden Kampf vermeidet. So zumindest empfindet es der Soldat, der in seiner Umgebung ernst genommen werden will. Darüber hinaus hatte Lettow-Vorbeck Gründe zu kämpfen: Bei einem kurzen Krieg mit unentschiedenem Ausgang hätte Großbritannien behalten, was es erobert hatte oder dies zum Verhandlungsgegenstand gemacht. Bei einem kurzen Krieg in Europa hätte Großbritannien Deutsch-Ostafrika nicht gehabt. Mit einem langen Krieg rechnete der im Generalstab ausgebildete Oberstleutnant nicht. Und allein diese Möglichkeit zu bedenken, hätte nicht ausgereicht, eine andere Entscheidung zu begründen.

Der Heimgekehrte wurde in die Reichswehr übernommen. Zuvor hatte er sich bei der Unterdrückung spartakistischer Unruhen in Hamburg bewährt. »Gottlob«, schreibt er dazu in seinen Lebenserinnerungen, »ging mir als Afrikaner der Ruf von Rücksichtslosigkeit voraus. So lief die Sache glimpflich ab. Auch die Sozialdemokraten waren zufrieden.«

Lettow-Vorbeck bekam eine Reichswehrbrigade in Berlin, sein Vorgesetzter war General von Lüttwitz, dem das Kommando I in Berlin unterstand, daneben gab es das Gruppenkommando II in Kassel. Versuche, ihn in die Vorbereitungen des Kapp-Putsches einzubeziehen, wies er zurück.

Während eines Besuchs in Kassel hört er von konkreten Vorbereitungen zum Putsch. Er reist in die Reichshauptstadt, um Lüttwitz zurückzuhalten. Als er ankommt, findet er diese Lage vor: »Die sozialdemokratische Regierung war nicht mehr, und ich hatte keinen Anlaß, ihr nachzutrauern. Eine gesetzmäßige Regierung hatte es nicht gegeben, und die tatsächliche Regierung war jetzt Kapp-Lüttwitz.« So sah er es und so schildert er es noch 1957.

Lettow-Vorbeck wurde nach Schwerin geschickt, um die mecklenburgische Regierung abzusetzen, sofern sie nicht den neuen Herren in Berlin Loyalität bekunde. Die Schweriner wanden sich, und so setzte der General das Gremium in der Kaserne fest. Aber der von der Putsch-Regierung mit der Übernahme der Geschäfte beauftragte Amtsverwalter erklärte sich bald für unfähig, dies zu leisten, und so mußte sich Lettow-Vorbeck mit den Regierungsmitgliedern über deren Weiterarbeit einigen. Der Generalstreik beendete den Spuk und fast sogleich auch Lettow-Verbecks militärische Karriere. Seeckt befahl ihm, in Breslau das Kommando über die 2. Kavalleriedivision zu übernehmen, zuvor aber noch bei ihm in Berlin vorbeizuschauen. In Berlin erklärte er ihm, er könne nicht weiter in der Reichswehr bleiben. Eine Untersuchung des Falls erbrachte nichts anderes.

Lettow-Vorbeck zog nach Norddeutschland, betätigte sich mit unspektakulärem Erfolg in der Wirtschaft. Seine Bücher, besonders »Heia Safari« – eine für junge Leser bearbeitete

Fassung seines Ostafrikabuchs – steigerten noch einmal seine Popularität. Er hielt gern Verträge über die Kolonien. 1928 zog er für den Wahlkreis Oberbayern-Schwaben als deutschnationaler Abgeordneter in den Reichstag. Aber den Schwenk seiner Partei unter Hugenberg zu Hitler machte er nicht mit. Als die Nationalsozialisten 1933 an die Macht kamen, war er schon wieder in Bremen. Von den Nazis hielt er sich fern, aber er ließ Unterschiede gelten und sah in der Partei auch »viele sehr anständige und ideal gesonnene Deutsche« (»Mein Leben«). Er hatte nichts dagegen, daß ihn der nationalsozialistische Bremer Bürgermeister zum Bremischen Staatsrat ernannte.

Im Zweiten Weltkrieg verlor Lettow-Vorbeck seine beiden Söhne an der Front. Damit erlosch sein »Zweig der Familie im Mannesstamm«, wie er bitter vermerkte. Er wurde ausgebombt wie viele andere, doch nach dem Krieg gab es in der Britischen Zone – er lebte jetzt in Schleswig-Holstein – manche Engländer, die ihm halfen. In den 50er Jahren reiste er auf Einladung einer deutschen Illustrierten durch Süd- und Ostafrika. Er verwöhnte die anerkennungsbedürftigen Deutschen mit dem Eindruck, man gedächte ihrer in der so ruhmreich umkämpften Kolonie gern, und der Führer der Schutztruppe stoße dort überall nur auf Bewunderer und Freunde. Letzteres war wohl nicht falsch.

Als Lettow-Vorbeck 1964 starb, stand er in Deutschland nicht nur bei der jungen Bundeswehr hoch in Ehren. Zwar hatten seine 1957 herausgekommenen Memoiren unverhohlen bestätigt, daß er politisch nie zu den Klügsten im Lande gehört hatte. Aber das tut dem Ansehen eines Helden nirgendwo Abbruch. Achilles verhielt sich töricht im Lager der Achäer vor Troja, und Siegfried gebärdete sich am burgundischen Hof auch nicht anders als ein Tor. wenigstens in dieser Hinsicht glich ihnen Lettow-Vorbeck. Er aber bezahlte seine Torheit nicht mit seinem Leben, nicht einmal damit, daß die Quellen seiner Lebensfreude begonnen hätten, spärlicher zu fließen. Jagd und Familie waren dem altpreußischen Berufssoldaten im Privaten zeitlebens das Wichtigste gewesen: von der Familie blieb ihm einiges, von der Jagd alles.

Der einst in Ostafrika pflichtschuldigst erworbene Heldenruhm – es hieß damals etwa: die beste Beurteilung anderer, die »Lettow je geschrieben hat, lautet: ›Er füllt seinen Posten aus‹.« (Deppe) – hatte drei radikale politische Umschwünge überstanden: den vom Kaiserreich zur Weimarer Republik, den von der Republik zur Diktatur Hitlers, den vom Ende der Naziherrschaft zur Bundesrepublik Deutschland. Lettow-Vorbeck starb, bevor Mitte der 60er Jahre ein neuerlicher, die vorhergehenden an Radikalität übertreffender Umschwung die Urteile über deutsche Geschichte seit Bismarck grundlegend veränderte. Spätestens aber in der so genannten Berliner Republik hätte Lettow-Vorbecks Ruhm kaum noch Bestand gehabt, wenn sein Name da noch einer breiteren Öffentlichkeit bekannt gewesen wäre.

Die Historiker entdeckten die Niederschlagung des Herrero-Aufstand in Deutsch-Südwestafrika als Völkermord. Das Konzept der deutschen Kriegsführung sei rassistisch gewesen, die Praxis mörderisch. Tatsächlich wurde das aufständische Volk der Herrero mit Frauen und Kindern von deutschen Truppen in die Wüste getrieben, wo sie elend umkamen. Lettow-Vorbeck, als Hauptmann, war in diesem Krieg dabei. Zwar trug er nicht die Verantwortung für das Verbrechen, in der Hauptsache verantwortlich war General von Trotha, den er noch in China kennengelernt hatte. Aber

mit welchen Vorstellungen er das Unternehmen mit durch-
zog, davon geben seine mehr als fünfzig Jahre später nieder-
geschriebenen Lebenserinnerungen einen unmißverständ-
lichen Eindruck: »Wegen bedrohlichen Wassermangels
wurde die Verfolgung der Herreros, die ins Sandfeld, die was-
serarme ›Omaheke‹ flohen, erst später wieder aufgenommen.
Die Herreros sind im Sandfeld in Massen zugrunde gegangen, soweit sie nicht über die Grenze in die britische Kalahari
flohen. Wenn es auch noch zu einer Reihe kleinerer Gefechte
kam, so war der Herrero-Aufstand in seiner Kraft doch mit
einem dramatischen Schlag zusammengebrochen. Dem
General von Trotha sind wegen seines rücksichtslosen
Durchgreifens von mancher Seite Vorwürfe gemacht worden.
Ich glaube, daß ein Aufstand solchen Umfangs erstmal mit
allen Mitteln ausgebrannt werden muß. Der Schwarze würde
in Weichheit nur Schwäche sehen.«

Dieses war nun freilich bis weit in die zweite Hälfte des
20. Jahrhunderts hinein weit verbreitete Meinung nicht nur
in Deutschland, sondern bei den meisten europäischen Völ-
kern, deren Geschichte auch die Geschichte von Kolonialherren ist. Erst mußte das von Kipling und anderen hoch verehrten Schriftstellern gepriesene imperialistische Bewußtsein
der Weißen zusammenbrechen, bevor eine humane weil
nüchterne Einschätzung der dokumentierten Verbrechen
von vielen zur Kenntnis genommen wurde. Kolonialkriege
waren europäische Verbrechen gewesen – was kein einziges
Land entlastet, das die seinen mit unerhörter Grausamkeit
geführt hat. Auch der Alltag in vielen Kolonien entsprach,
was Humanität und Rechtstaatlichkeit anging, in keiner
Weise dem, was die Offiziere und Verwaltungsbeamten auf
den Universitäten ihrer Heimatländer zur gleichen Zeit über

Humanität und Rechtsstaatlichkeit hätten lernen können und zum Teil lernen mußten.

Gern lernten die Europäer voneinander, wenn sie in den Kolonien Krieg führen mußten. Als Lettow-Vorbeck es mit dem Herrero Jakob Morenga zu tun bekam, der die Hottentotten mit großem taktischen Geschick in einem Kleinkrieg gegen die Deutschen führte, war es, wie sich der Pensionär in Hamburg dankbar erinnert, der britische Oberst Trench, der sich bei ihm als Attaché eingefunden hatte und den preußischen Hauptmann jetzt mit »seinen reichen kolonialen Erfahrungen« beraten konnte. Von »konzentrischen Operationen« hielt dieser nichts, die würden verraten. Er meinte: »Besser sei die Verfolgung auf frischer Spur, womöglich mit Ablösung der verfolgenden Truppe, bis die Eingeborenen erschöpft seien.«

Das freilich muß angemerkt werden: wegen irgendwelcher Aktionen in Kolonialkriegen ist auf Dauer niemand als Held gefeiert worden. Das Odium barbarischer Grausamkeit war zu stark. Aber erst das Umdenken in einem schwächer gewordenen Europa führte zu Einsichten, die dem Auftreten der Kolonialherren in Afrika und anderswo jede Gloriole entzog.

Wie sehr die Deutschen auch in Ostafrika gefürchtet wurden, erfuhr Lettow-Vorbeck, als er 1918 nach Britisch-Rhodesien vorstieß: »In Kajambi traf das Gros am 6. November ein«, schreibt er in »Ostafrika« 1920: »Die katholische Missionsstation besteht aus wundervollen und geräumigen, massiven Gebäuden. Die Missionare waren unnötigerweise geflohen. Im Schwesternhaus lag für mich ein Brief einer katholischen Schwester. Sie stammte aus Westfalen und appellierte als Landsmännin an meine Menschlichkeit.«

Nicht schon 1964, als der Kommandeur der deutschen Schutztruppe starb, aber wenige Jahre später bewunderten vornehmlich junge deutsche Kinobesucher Katherine Hepburn und Humphrey Bogart in einem jetzt erst populär werdenden Film von John Huston »The African Queen« (1951). In diesem Film ist von deutschen Soldaten in Ostafrika wie von Barbaren die Rede, die auch vor der Zerstörung einer Missionsstation nicht Halt machen. Kaum jemand im Publikum mag bezweifelt haben, daß das historisch zuverlässig sei.

Felix Graf Luckner

Wer das Bild des Kriegshelden bei seinen Ursprüngen sucht, wird darin die Züge eines Maulhelden finden. Die germanischen Recken pflegten sich vor Beginn eines Zweikampfes heftig zu beschimpfen. Sie hoben dabei die eigenen Vorzüge prahlerisch hervor. Man gab sich so einander zu erkennen, und es mochte der Sieger hernach sich damit brüsten sollen, welch gefährlichen Gegner er bezwungen hatte. Etwas davon hat sich bis in die Gegenwart erhalten. Der amerikanische Schwergewichtsboxer Muhammad Ali, der auf einem Höhepunkt seiner Karriere den Mut aufbrachte, aus politischen Gründen den Dienst in der Armee zu verweigern – die USA führten damals Krieg in Vietnam – und dem deshalb unsinnigerweise der Weltmeistertitel aberkannt wurde, ist bei den Amerikanern längst zur Legende geworden, wird auch von offizieller Seite hoch geehrt. Aber zu Beginn seiner Karriere, als er noch Cassius Clay hieß (den Namen legte er als einen ihm von Sklavenhaltern gegebenen ab), wurde er zunächst als Großmaul berühmt: er sagte den Ablauf eines Kampfes nach der Zahl der Runden exakt voraus und beschimpfte schon mal seinen Gegner auch noch im Boxring auf das grimmigste.

Von den einst berühmten deutschen Helden des Ersten Weltkriegs ist keiner ein solcher Maulheld gewesen wie Felix Graf Luckner. Und doch haben Schuljungen zwischen 1920 und 1960 kein Buch eines der Kriegshelden so begierig gelesen wie das des Grafen. Es kam zu verschiedenen Zeiten unter verschiedenen Titeln heraus. Es wurde darin ergänzt und gestrichen, aber im Kern blieb es immer das gleiche: die Geschichte des Jungen, der wegen schlechter Leistungen in der Schule von zu Hause fortläuft, zur See geht, auf Segelschiffen die Welt bis in ihre dunkelsten Ecken hinein kennenlernt, manches Abenteuer erlebt, dann doch sich zum Steuermannsexamen hocharbeitet, Kapitän wird und im Krieg ein Segelschiff auf Kaperfahrt führt. Es muß in diesem Buch nichts Häßliches erzählt werden, aber nur Humoristisches enthält es auch nicht. Vom Autor ist bekannt, daß er bei Gelegenheit von Vertragsabenden dicke Telefonbücher mit einem Ratsch zerriß. Dieser Seebär war wirklich ein Bär von einem Mann. Aber daß ihm 1953 Bundespräsident Theodor Heuss das Große Verdienstkreuz des Verdienstordens der Bundesrepublik Deutschland verlieh, wird die wenigsten seiner jugendlichen Leser interessiert haben. Die Schilderung der Skagerrak-Schlacht, an der Luckner als Wachoffizier auf dem Linienschiff »Kronprinz« teilgenommen hatte, fehlte in den 50er Jahren in seinem Buch. Kaum einer wird sie vermißt haben. Luckner, das hieß nach 1945 nicht Krieg, das hieß Abenteuer der Seefahrt. Das war genug.

Aber hinter der Welt, in der die Phantasie der jugendlichen Leser den Abenteuern ihres Helden folgte, gab es die Welt der Erwachsenen. Und hier gab es Leute, bei denen galt Luckner nicht viel. Es gibt sie immer noch. »Wahrheit und Legende« ist ein Buch über den »Seeteufel« Luckner betitelt, das, 1997 erschienen, mit der Botschaft auftrumpft: was für den Grafen spricht, sei meistenteils Legende, was gegen ihn spricht: durch Ermittlungen zu Tage geförderte Wahrheit. Das beginnt bei harmlosen Flunkereien, aber es bleibt nicht dabei. Am Ende kommt es ganz dick. Der Verfasser, Norbert von Frankenstein, hat wenig Respekt vor Luckners Fabulieren. Knapp erzählt er, wie der Graf, um bei seiner Good-Will-Tour in den 20er Jahren in Amerika einträgliche Publizität zu erlangen, einem Reeder, dessen Schiff er als Hilfskreuzer-Kommandant im Krieg versenkt hatte, die amerikanische Flagge übergab, die er angeblich zuvor geborgen habe. Der Reeder war inzwischen Bürgermeister von San Francisco geworden. »Abgesehen von der Tatsache, daß die Darstellung unwahr ist«, schreibt Frankenstein, »trug ihm die Geste, die ein breites Presseecho fand, die Ehrenbürgerschaft der Stadt ein.« Manche Leser werden sich an die Geschichte etwas anders erinnern. Vielleicht erinnern sie sich aber auch an eine andere Geschichte, die nur ähnlich ist und in dem Buch »Seeteufel erobert Amerika« erzählt wird, das später den zweiten Teil des unverwüstlichen Bestsellers bildete. Nachdenkliche Leser, auch die gibt es unter jungen Menschen, hatten freilich schon immer ihre Zweifel gehabt, ob Luckner – der mit seinem »Seeadler« genannten Kaperschiff nach überaus erfolgreicher Fahrt am 2. August 1917 bei dem kleinen Atoll Mopelia in der Südsee gekentert war und beschwerliche Wege hatte zurücklegen müssen, bis er wieder unter zivilisierten Umständen reisen konnte – die ganze Zeit über tatsächlich für ein relativ großes Stück Tuch Sorge hatte tragen können, das unter obwaltenden Verhältnissen zu nichts nutze war.

War es in San Francisco die Flagge eines von Luckner versenkten Schiffes, so soll es in New York die ursprüngliche Flagge des unter dem Namen »Seeadler« in der Südsee gekenterten Schiffes gewesen sein. Dieses hatte zuvor als »Pass of Balmaha« auf den Meeren gekreuzt und dem amerikanischen Reeder Leslie Harris gehört. Harris hatte den Grafen, den er bei seiner »Good-Will-Reise« bat, ihn besuchen zu dürfen, recht kühl empfangen. Gleichwohl, schreibt Luckner, sei er am Abend zu seinem Vortrag im Club der Reeder erschienen. Auf dem Höhepunkt der Veranstaltung habe der Deutsche einen geschmackvoll gestalteten Kasten hervorgeholt, geöffnet und die darin liegende Flagge des verlorenen Dreimasters dem amerikanischen Schiffseigner übergeben. Er habe sie, erzählte Luckner dabei, in einem Geheimfach der Kapitänskajüte gefunden und über alle Fährnisse der Zeit danach sicher bewahrt. Ehrfürchtig hätten die Reeder die Flagge betastet und geküßt. Der vordem so reservierte Eigentümer der »Pass of Balmaha« aber habe die Tränen nicht unterdrücken können, er habe Luckner umarmt und gebeten, ihn nicht länger »Graf« – »Count« – sondern bei seinem seemännischen Vornamen »Phylax« nennen zu dürfen, denn den hatte er inzwischen aus dem Vortrag erfahren. Diese Geschichte oder die Geschichte in dieser Version ist kaum glaubhafter als die von der Westküste. Aber die Frage möchte erlaubt sein, kommt es darauf an.

Ein anderer der Kriegshelden, die hernach als Maulhelden beliebt wurden, der Jagdflieger Ernst Udet, berichtet in seinem Buch »Mein Fliegerleben« (1935), wie ihm bei einer Versammlung während eines Amerika-Besuchs vom Vorsitzenden ein Herr Mueller vorgestellt wurde, der ihn 1918 »aus feindlichem Kugelregen« gerettet habe. Als der Mann sich erhebt, gibt es tosenden Beifall. Udet ist überzeugt, daß er ihn nie in seinem Leben gesehen hat. Es ist ein heruntergekommener, abgerissener Mann, in seinen Augen steht Angst. »Die Angst des Getretenen«, schreibt Udet, »vom Leben Zerbeulten. ›Give him a chance!‹ denke ich, trete auf Mueller zu. ›Ich danke Ihnen, Herr Mueller‹, sage ich laut, gebe ihm die

Hand. Donnernder Applaus im Saal.« Und nun beginnt der Mann selbstbewußt und mit sicherer Stimme eine Geschichte zu erzählen, die Geschichte, wie er Udet das Leben rettete. Anschließend wird er von Reportern und Fotografen umringt. Wenige Tage später bekommt er, der lange arbeitslos gewesen war, eine Anstellung bei einer deutschen Großschlachterei. »Give him a chance«, beschließt Udet das Kapitel: »Der Wahlspruch Amerikas. Ein guter Wahlspruch.«

Bei Luckners Geschichten – auch bei denen, die vermutlich stimmen – geht es nicht darum, ob sie wahr sind, sondern darum, daß es schön wäre, wenn sie der Wahrheit entsprächen. Sie erzählen, wie das Leben sein soll. Und wenn das ein Held erzählt, darf man daran glauben, daß das Leben so sein kann. Eine Schule in Optimismus. Das ist ermutigend.

Der von zu Hause davon gelaufene Felix Graf Luckner bekommt seine Chance. Er trifft in Hamburg einen alten Seemann, Pedder – »Ik heet Pedder, segg man ›du‹ to mi« – der ihm weiterhilft. Tagelang hat er versucht, ihn von seinem Vorhaben abzubringen. Was dann geschieht, gibt die erste Fassung der Erinnerungen Luckners so wieder. Pedder sei freudestrahlend auf ihn zugekommen:

»Jung, ik hev en Schip för di.« Pedder hat einen russischen Kapitän getroffen. »Ik hevn fragt, ob he en düchtigen Jung hebben wull. ›ja gern‹, seggt de Kaptein, ›wenn he kein Heuer hebben will.‹

›He will bloot en Schip‹, harr ik seggt. ›Denn lat em man an Bord kamen‹, seggt de Kaptein.

Am liebsten hätte ich oll Pedder bei dieser Nachricht umarmt.

»So min Jung, jetzt bring ik di röver op dat russische Vullschip ›Niobe‹ un stell die vör.«

Der russische Kapitän gefällt dem Sproß des alten Grafengeschlechts aus Halle an der Saale nicht.

»›Min Jung, dat is ganz egal‹, sagte oll Pedder und klopfte mir auf die Schulter, ›ob dat en dütschen odern engelschen Schip is oder 'n Russen is, dat blievt sick glik. Seefahrt is överall datsülwige. So min Jung, nu wüllt wi an Land gahn un di 'ne Utrüstung besorgen‹.«

Der in diesen Dingen äußerst penible Fahrensmann prüft und kauft, was der angehende Schiffsjunge braucht. Das letzte Geld Luckners geht dabei drauf. Für die Seekiste reicht es nicht mehr. Pedder schenkt ihm seine: »Ik gew' di min Seekist, mit de ik all 25 Johr um de Welt seilt bin. Ik hev damit glücklich fohren un dat sallst du ok.«

Luckner geht auf das Schiff, zuvor noch ermahnt, daß er sich nicht mit seinem richtigen Namen und als Graf bekannt machen soll. Sie nehmen Abschied von einander, und bei dem Jungen kullern die Tränen.

»Wie ich nachher die Kiste aufmache und sehe, wie er alles gepackt hat, da liegt ein Bild von ihm obenauf mit einer Widmung drauf: ›Verget din Pedder nich.‹ Ne, min oll good Pedder, ik verget di nich!«

Es ist viel Papier damit beschrieben worden, daß Luckner seine Bücher nicht selber geschrieben hat, wer ihm half und wie, was die Helfer dafür bekamen und wie viele der kleineren Geschichten und welche Ausschmückungen von ihnen stammen. Als die Nationalsozialisten Ende der 30er Jahre daran gingen, die Verbreitung seiner Bücher einzuschränken, machte der Verlag darauf aufmerksam. Der Verlag sorgte sich nicht nur um seine Einnahmen, er fürchtete auch für die Einnahmen der Mitarbeiter. Davon wußten die Leser lange Zeit nichts. Hätten sie es wissen sollen?

Es ist für die Wirkung der Geschichten unerheblich. Was man von Helden wissen will, wird in Heldensagen tradiert. Heldensagen können viele Hinzudichtungen vertragen. Bei niemandem hat es so viel Zusätze und Ausschmückungen gegeben wie bei Dietrich von Bern, den die Historiker unter dem Namen Theoderich den Großen (gestorben 526 n. Chr.) kennen. So präzis die Historiker sind, weit präziser steht der Dietrich der Sage und des Nibelungenlieds vor dem inneren Auge derer, die seinen Namen kennen. Es gibt in jeder Heldensage einen Kern des Überlieferungswerten, um dessenwillen das alles erzählt und immer wieder verändert und ausgeweitet wird. Der Kern bleibt sich gleich. Er muß nicht in einem großen Ereignis bestehen, öfter noch liegt er in der Figur, die etwas Exemplarisches verkörpert. Auf einen solchen Kern kann man das reduzieren, was man von Luckner weiß – und umgekehrt: man wird, was immer man obendrein über sein Leben erfährt, von diesem Kern nie absehen können. Er hat getan, wovon andere nur träumen: ist von zu Hause weggelaufen, als Schiffsjunge aufs Meer gekommen und hat als Matrose auf Segelschiffen die Welt gesehen. Er hatte physisch die Kraft dazu und psychisch das Durchhaltevermögen. Er hat sich hochgearbeitet – wie Joseph Conrad – und hat von seinem Namen und seiner Familie erst profitiert, als er das Härteste seiner Laufbahn schon aus eigener Kraft geschafft hatte. Als er das Kommando über den »Seeadler« bekam – die Idee zu einem solchen Unternehmen stammte nicht von ihm – war er mit seiner Erfahrung auf Segelschiffen und der Internationalität der Seefahrt der richtige Mann für diese Aufgabe.

Luckners Aufgabe im Krieg bestand darin, das Schiff durch die Blockade der Engländer zu bringen und auf den Meeren Handelsschiffe feindlicher Nationen aufzubringen und zu versenken. Luckner hat sich deshalb gern als der letzte Freibeuter bezeichnet – einer der Kaperfahrer, die Piraten im Dienst ihres Landes sind, nicht anders als der berühmteste von ihnen, der Pirat der Königin Sir Francis Drake. Man kann den Pirat des Kaisers, den erfolgreichen Blockadebrecher, den Seeoffizier, der etliche Schiffe auf den Meeresboden schickte, als Kriegsheld bewundern, was vielleicht hier und da auch geschah. Mehr aber war es gewiß die Bizarrerie des Einfalls, in der Zeit der gepanzerten Schlachtschiffe ein modern bewaffnetes Segelschiff auf Kaperfahrt zu schicken. Und vor dem Hintergrund des Lebensweges des Grafen Luckner überwiegt vollends der Zauber eines Aktes von Poesie, ein Stück gesponnener, aber eben Wirklichkeit gewordener Abenteuerlust, die keiner realen Zeit und keinem realen Krieg anzugehören scheint. Dieses Stück Poesie ist es, das den Kern dessen ausmacht, was bei Luckners und seines »Seeadlers« Namen Staunen und Bewunderung auslöst.

Das eiserne Dreimastvollschiff »Pass of Balmaha« mit 1571 Bruttoregistertonnen war 1878 in Schottland gebaut worden. Es war »über alles« 83,5 Meter lang (ohne Bugspriet) und 11 Meter 80 breit, sein Tiefgang betrug 5,5 Meter. Im Juli 1915 hatte ein deutsches U-Boot – die »U 36« – in der Irischen See das Schiff aufgebracht, es wurde von einem zunächst nur aus einem Steuermannsmaat bestehenden Prisenkommando nach Cuxhaven gebracht. Dort, im Amerika-Hafen, sah es der Leutnant zur See der Reserve Alfred Kling, der bereits beim Admiralstab für seine Idee, ein Segelschiff als Hilfskreuzer auf die Meere zu schicken, geworben hatte. Nun war etwas Geeignetes gefunden. Die »Pass of Balmaha« wurde nach Geestemünde in die Segelschiffswerft von Tecklenborg gebracht und gründlich umgebaut. Das Schiff erhielt einen 1000 PS-starken Dieselmotor, damit sollte es eine Geschwindigkeit von zehn Knoten erreichen. Außerdem konnten die drei fünfzig Meter hohen Masten 2600 qm Segelfläche tragen. Die Laderäume wurden so ausgestaltet, daß sie die Besatzungen der zu kapernden Schiffe aufnehmen konnten. Bewaffnet wurde der Hilfskreuzer mit zwei 10,5 cm-Kanonen. Die Geschütze, gut versteckt, sollten allerdings erst nach der Überwindung der Blockade montiert werden.

Die Zugänge zu den Unterkünfte der neuen, militärischen Besatzung wurden so versteckt, daß sie bei einer Durchsuchung des als Norweger getarnten Hilfskreuzers nicht so leicht entdeckt werden konnten. Drei Schwesterschiffe der »Pass of Balmaha« standen in norwegischen Diensten. Bei der mit äußerster Sorgfalt betriebenen Auswahl der Besatzung wurde auch auf die Beherrschung der norwegischen Sprache geachtet. Das brachte auch Luckner zu seinem Kommando. Kling, obwohl reich an Erfahrung auf Handelsschiffen, kam dafür als Reserveoffizier nicht in Frage. Die Besatzung des Hilfskreuzers bestand aus 64 Mann. Proviant, Munition und sonstige Ausrüstung wurden für mindestens zwei Jahre an Bord genommen.

In Luckners Büchern ist sehr viel nationales und wenig kriegerisches Pathos. Gern rühmt er sich, daß durch den »Seeadler« keine Mutter ihren Sohn verloren habe; Frankenstein hält dies für eine Legende. Die Kaperung des Dampfers »Horngarth« am 10. März 1917 habe einen Menschen das Leben gekostet. Der junge Richard Douglas Page starb am 12. März an einer Verwundung, die er durch das Geschützfeuer des »Seeadler« erhalten hatte. Die ärztliche Versorgung durch deren Schiffsarzt hatte ihm nicht helfen können. Er wurde am selben Tag nach einem Gottesdienst durch Versenkung der Leiche im Meer bestattet.

Geschehen war am 10. März folgendes. Der Kapitän des Dampfers hatte, nachdem er durch Signal und einen Schuß vor den Bug zum Halten aufgefordert werden war, die Flucht ergriffen und versucht, mit höchster Fahrt davon zu kommen. Er hatte, wie er später sagte, nicht damit gerechnet, daß ein Segelschiff ihn einholen könne. Nun aber war der Korsar mit einem Hilfsmotor ausgerüstet, der das Schiff auf eine beachtliche Geschwindigkeit bringen konnte. Luckner ließ einem zweiten Warnschuß einen dritten folgen, der nur knapp über den Schornstein des Dampfers gezielt war. Dessen Kapitän blieb unbeeindruckt. Jetzt wurde von dem »Seeadler« aus direkt auf das Schiff gefeuert. Ein Granatsplitter traf den auf der Brücke stehenden Handelsschiff-Offiziersanwärter Page und verwundete ihn schwer am Kopf. Der Dampferkapitän gab immer noch nicht auf. Luckner mußte noch ein paar mal schießen lassen, dann erschien die weiße Fahne. Der schwer zu überzeugende Kapitän gab später zur Erklärung seines Verhaltens an, er habe »den strikten Befehl von der Admiralität (gehabt, sich) einer Anhaltung mit allen Mitteln zu widersetzen.« Das Schiff, das von San Nicolas (La Plata) nach Plymouth unterwegs gewesen war, wurde durch vier Sprengpatronen versenkt.

Sollte Luckner, als er sein Buch schrieb oder das, was in dem Buch vorkommen sollte, seinen Mitarbeitern erzählte, diesen Toten vergessen haben? Oder ist es möglich, daß er glaubte, schuld am Tode des jungen Page sei nicht er gewesen, sondern der englische Kapitän, der in unverantwortlicher Weise einen – wenn auch von der Feindseite kommenden – Befehl mißachtet hatte, obwohl er nach den Warnschüssen wissen mußte, daß er gegen den Hilfskreuzer keine Chance hatte. Vielleicht hat Luckner das glauben wollen. Und wenn das so war, spricht das gegen ihn?

Für den Charakter des Buches ist es bedenkenswert, daß es der Autor, ein im Krieg befindlicher Seeoffizier, für ein rühmenswertes Ideal hält, wenn er seinen Auftrag so erfüllt, daß niemand dabei ums Leben kommt. Vom Pathos des Tötens und der Gefahr des Getötetwerdens findet sich beim »Seeteufel« keine Spur. Das scheint dem Autor wichtig gewesen zu sein. Keiner seiner vor allem jugendlichen Leser konnte sich bei der Lektüre schaurig in ein solches Pathos hineinträumen. Die Verklärung eines Heldentums, das vor allem durch die faszinierende Schilderung mörderischer Gefechte auftrumpfen will, findet bei Luckner nicht statt.

Luckner war nicht beliebt bei seinen Offizierskameraden an Land. Dieses Schicksal teilte er mit Erwin Rommel und Ernst Jünger. Alles Auffällige ist verpönt. Aufgrund seiner Vorgeschichte auf See war der Graf schon vor dem Krieg auffällig. Wegen der Förderung, die er durch die kaiserliche Familie beim Übergang vom Status des Reserveoffiziers zum Berufssoldaten genoß, zog er Neid auf sich. Noch bevor er mit seinem »Seeadler« auslaufen konnte, gab es die erste Intrige gegen ihn. Er soll bei gesellschaftlichen Ereignissen das streng geheime Unternehmen ausgeplaudert haben. Die Beschuldigungen sind lächerlich, aber sie wurden gern zu den Akten genommen, um etwas gegen den ungeliebten Tausendsassa in der Schublade zu haben. Luckner lief am 21. Dezember 1916 trotzdem aus; mag sein, daß es zu spät gewesen war, dem »Seeadler« noch einen neuen Kapitän zu geben. Der Hilfskreuzer verwandelte sich nun in die norwegische »Hero«, dem Schwesterschiff der »Pass of Balmaha« aus Arendal. Am 25. Dezember wurde die falsche »Hero« von einem englischen Hilfskreuzer gestoppt und überprüft. Der perfekt norwegisch sprechende Teil der Besatzung spielte die ihm zugewiesene Rolle gut – »Norweger sind phlegmatisch. Vergeßt das nicht«, hatte Kling die Leute noch zuletzt ermahnt. Ausgestattet mit den besten Wünschen für die Weiterfahrt konnten Luckner und seine Crew ihren Blockadedurchbruch als geglückt bezeichnen.

Diese Geschichte hat Luckner in seinen Büchern und Vorträgen genießerisch ausgemalt, keine Dramatisierung, keine behagliche Ausschmückung scheuend. Mit besonderer Freude wurde des Steuermanns Lüdemann gedacht, der bei dem Kontrollstopp die Frau des Kapitäns darstellte. Da er sich mit seiner rauhen Stimme leicht hätte verraten können, musste er akute Zahnschmerzen vortäuschen und durfte stumm bleiben. Gewiß wird die wahre Geschichte schlichter gewesen sein. Aber wer hätte etwas davon gehabt, wenn der Autor es dabei belassen hätte?

1927, während seiner Good-Will-Tour nach und durch die Vereinigten Staaten von Amerika, erhielt Luckner auch eine Einladung nach Princeton an die Universität. Professoren und Studenten bilden dort sein Publikum: »Es mögen wohl zweitausend gewesen sein«, ist in »Seeteufel erobert Amerika« zu lesen: »Eine unheimliche Stille empfing mich. Kritisch betrachteten sie mich, als wenn sie sagen wollten: Wollen mal hören, was dieser ehemalige Kaperkorsar uns zu erzählen weiß.«

Luckner weiß in erster Hinsicht, wie: »Ich erzählte vom Durchbruch durch die englische Blockade und bemühte mich, vor diesen kritischen Zuhörern eine möglichst sachliche Darstellung zu geben. Gespannt hingen die Blicke der Studenten an meinem Mund. Wie aber brauste das Gelächter durch den Saal, als ich berichtete, wie wir die Engländer hinters Licht geführt hatten! Wiederholt mußte ich eine Pause machen, weil der Saal dröhnte.«

Die Täuschung der Engländer wird in dem Buch von 1921 auf 12 eng bedruckten Seiten erzählt. Fünfzig Jahre später, in der Fassung von 1951, ist das Kabinettstückchen zwischen den Färöer-Inseln und Island immer noch lesenswert.

Luckner war entschlossen, sich selbst eine Chance zu geben. 1919 war er aus der Gefangenschaft zurückgekehrt. Was aus ihm bei der absurd verkleinerten Marine der Reichswehr werden konnte, darüber ist kein richtiges Bild zu gewinnen. Einerseits gibt es Andeutungen, man habe den Verlust seines Schiffes bei Mopelia kriegsgerichtlich untersuchen wollen. Andrerseits war man bereit, ihm das Kommando über das in Ausrüstung befindliche Schulschiff »Niobe« zu geben. Dafür war er zweifelsohne der richtige Mann, und daß man dabei an ihn dachte, muß wohl auch auf Wertschätzung beruht haben. Das bedeutete freilich nicht, daß man bereit gewesen wäre, sich daran zu beteiligen, wenn er hier und da schon als »Seeheld« gefeiert wurde. »Kein Aufsehen erregen, keine Auszeichnung, alles auf sich beruhen lassen«, zitiert Frankenberg aus seiner Personalakte.

Dem Grafen aber gefiel das Gefeiertsein als Seeheld über die Maßen. Die Vorträge, die er hielt, wurden mehr. Schließlich nahm er 1922 den Abschied von der Marine, um sich fürderhin ausschließlich der Verbreitung seines Ruhms zu widmen, der auch finanziell seine angenehmen Seiten hatte. Luckner, der zuletzt Kapitänleutnant gewesen war, wurde als Korvettenkapitän entlassen, ohne daß dies von irgendwelcher Bedeutung gewesen wäre. Die Kriegsmarine hatte ihren Helden nicht geliebt, seine Heldentat indes hatte sie angemessen beurteilt. Sein Vorgesetzter, Kapitän zur See Toussaint, notierte 1920 über ihn, er habe »die ihm gestellte Aufgabe mit höchst anerkennenswertem Schneid gelöst.« Mehr nicht.

Die Geschichte des Vortragshelden Luckner ist eine Geschichte, in der vom Geld die Rede sein muß. Mit Geld – auch mit dem Geld, das anderen zugestanden hätte – ging der Kaperspezialist offenbar in allzu gräflicher Weise um. Selbstherrlich feierte er mit dem Viermast-Gaffelschoner, den er »Vaterland« genannt hatte, schöne Erfolge in Amerika, indes, diese Erfolge ließen auch nach, and das war dann für das Schiff und seine Besatzung weniger schön als für Luckner, der es verstand, aus jeder noch so verfahrenen Situation mit seinem Charme und seiner Beredsamkeit einen Ausweg zu finden. Kosten, die übrig blieben, waren die Kosten anderer. Reich wurde Luckner dabei nicht.

Aber sein Ansehen stieg unaufhaltsam. Zumal in Amerika war er ungeheuer populär. Die Empfindungen, die er bei seinem Publikum auslöste, waren unzerstörbar, und mehr als eine bloße Ahnung davon, was zündete, vermitteln auch einschlägige Passagen in seinen Büchern, wobei es völlig gleichgültig ist, wer sie formuliert hat. Am 19. Februar 1917 versenkt der »Seeadler« die englische Viermastbark »Pinmore«, die mit 3706 Tonnen Mais an Bord zu den Azoren unterwegs ist. Es ist ein englisches Schiff, aber die Besatzung besteht mehrheitlich aus Skandinaviern. Auch dieses Schiff wird mit vier Sprengpatronen gesprengt. Die »Pinmore« sinkt innerhalb von 15 Minuten.

In »Seeteufels Weltfahrt« (1951) liest sich das, was kurz davor geschah, so: »Ich ließ mich hinüberrudern und ging drüben allein an Bord. Das erregte allgemeine Verwunderung. Aber die guten Leute wußten ja nicht, was mich zu diesem Schritt bewegte. Ich wollte mein altes Schiff wiedersehen und Abschied nehmen von den Stätten meiner Jugend. Langsam ging ich über das Deck. Es war, als ob das Schiff mit mir spräche. Im Logis fand ich noch das Brett, das ich mir eigenhändig angebracht und am Ruder war noch mein Name lesbar, den ich hier eingeschnitzt hatte. Als das Schiff versenkt wurde, ging ich in meine Kajüte. Ich konnte das Ende nicht mitansehen. Mir war recht wehmütig zumut.«

Dem Leser der Fassung von 1921 wird noch wehmütiger zumute als dem späteren: »Das Schiff, auf welchem ich als Leichtmatrose gefahren habe?! Im Augenblick, als ich dies hörte, ging es mir so nahe, daß ich zu meinem Offizier nichts äußern konnte. Dann dachte ich: Es hilft nichts, das Schiff muß versenkt werden. Es war für uns überhaupt immer ein Stich durchs Herz, ein Segelschiff zu versenken. Die Poesie des Meeres! Jeder Segler, der untergeht, kommt ja nicht wieder, da keine mehr gebaut werden.« Luckner geht an Bord:

»Zuerst ging ich in die Logis, wo meine Koje war. Da befand sich noch ein Kojenbrett, das ich selber angebracht hatte. So manche Wacht hatte ich hier geschlafen, war manche Nacht dort herausgeschlüpft, wenn es hieß, alle Mann an Deck. Ich schritt die Planken ab, wo ich so oft gegangen war. Es tat weh, das Knacken der Rahen zu hören, denn das Schiff lag herrenlos und rollte hin und her, da es nicht mehr im Steuer lag. Es war, als wenn mich alles von oben anrief: Was hast du mit uns vor? Wo bist du so lange gewesen? Wo sind die Leute? Was willst du hier?«

Sage niemand, beim Erzählen einer solchen Geschichte habe es zwischen 1921 und 1951 einen Fortschritt gegeben. Aber die Geschichte ist dieselbe: »Dann ging ich auf das

Halbdeck, die Pupp, stellte mich ans Ruder und fand halbverwischt meinen Namen wieder, den ich dort einstmals eingegraben hatte. Ich blickte auf den Kompass, vor dem ich manchmal stundenlang gestanden hatte. Das Schiff hatte mich sicher getragen in Sturm und Wetter, und mein Dank war nun ... So zog die Erinnerung vorbei.«

Als wenig später die Zahl der an Bord genommenen Schiffsbesatzungen zu groß wird, treffen Luckners Leute Vorbereitungen, die zuletzt aufgebrachte französische Bark »Cambronne« für den Transport von 263 Personen nach Rio de Janeiro herzurichten. Das Logbuch des »Seeadler« vermerkt: »Die aus Salpeter bestehende Ladung wurde durch Übergießen von Seewasser nach bester Möglichkeit verdorben. Weiter wurden die Bramstangen von zwei Seiten angesägt und gänzlich unbrauchbar gemacht. Gleichfalls wurden die an Deck liegenden Reservespiere an zwei Stellen durchsägt und dadurch vernichtet. Die Royal- und Bramsegel beider Toppen wurden abgeschlagen und über Bord geworfen. (Zwecks Herabminderung der Fahrtgeschwindigkeit.) Weiter wurden sämtliche nicht untergeschlagene Segel und alles Segeltuch über Bord geworfen. Das Schiff wurde von S.M.S. ›Seeadler‹ mit genügendem Proviant versehen. Trinkwasser befand sich in ausreichender Menge an Bord. Außerdem war ein Destillier-Apparat vorhanden.«

Die Führung der »Cambronne« übertrug Luckner dem englischen Kapitän Mullen, dem ältesten der zwölf Kapitäne, die er um ihre Schiffe gebracht hatte. Mullen war Kapitän der »Pinmore« gewesen. Am 30. Juni erreichte die »Cambronne« Rio de Janeiro. Jetzt wurde bekannt, daß die Deutschen ein Segelschiff als Kaperfahrer auf dem Meer hatten.

Bis zu diesem Tag hatte der »Seeadler« insgesamt mehr

als 28 000 Bruttoregistertonnen mit mehr als 40 000 Tonnen Ladung versenkt. Es war der 21. März 1917. Luckner nahm südlichen Kurs, um Kap Horn zu umrunden und den Seeraum zwischen Australien und Südamerika unsicher zu machen. Das Segeln um Kap Horn nahm ihn drei Wochen in Anspruch. »Dreieinhalb Wochen«, schreibt der Graf 1921, »haben wir mit Orkanen gerungen. Was wir mühselig durch tagelanges Aufkreuzen erreicht hatten, verloren wir durch wiedereinsetzende Stürme oft in wenigen Stunden. Das Schiff arbeitete unablässig und schwer. Gewaltige Wellen, wie sie nur Kap Horn kennt, rollten über Deck, die Segel rissen zu Fetzen und das Deck wurde mehrmals eingeschlagen. Ruhelos saßen meine Jungs im Zwischendeck beim Segelnähen.«

Nur noch drei Schiffe sollten bis Juli 1917 dem »Seeadler« zum Opfer fallen. Acht Monate war die Schiffsbesatzung jetzt ohne Unterbrechung an Bord. Es wurde Zeit für eine Ruhepause. Luckner steuerte ein abseits von den üblichen Schiffahrtsrouten gelegenes Atoll an: Mopelia, es gehört zur Gruppe der Gesellschaftsinseln. Die Durchfahrt zur Lagune war indes nicht tief genug für den »Seeadler«, so mußte man vor dem Ringfelsen ankern. Hier wurde das Schiff am 2. August 1917 durch hohen Seegang auf ein Korallenriff geworfen, von dem es nicht mehr loskam. Ob auch Unachtsamkeit der Schiffsführung zu diesem Unfall geführt hat, ist nie bewiesen worden. Sicherlich trug die Popularität des kaiserlichen Freibeuters dazu bei, daß die Admiralität auf einen Verfahrensgang verzichtete, der ein Aufsehen erregt hätte, das die Marineleitung zu Recht scheute. Sie hatte sich im Krieg am wenigsten mit Ruhm bekleckert.

Luckner versuchte, in einem kleinen Boot, überladen

und mit wenigen, ausgesuchten Seeleuten bemannt über die offene See belebtere Plätze zu erreichen. Dort wollte er ein Schiff in seine Gewalt bringen und damit die Zurückgelassenen abholen. Aber eine äußerst entbehrungsreiche und gefahrvolle Fahrt im offenen Boot über 2300 Seemeilen endete in der Gefangenschaft. Es gelang ihm noch ein Ausbruch, auch die Kaperung eines größeren Schiffes, doch dieses wurde durch einen bewaffneten Dampfer gestellt. Das Ende des Krieges erlebte der Graf als Gefangener in Neuseeland.

Dem in Mopelia zurückgelassenen größeren Teil seiner Crew gelang die feindliche Übernahme eines Schiffes, das sich arglos dem einsamen Atoll genähert hatte, nachdem man dort Menschen bemerkt und diese für Schaffsbrüchige gehalten hatte. Luckners 1. Offizier Leutnant Kling hatte das Kommando; seine Reise endete mit Schiffbruch bei den Osterinseln. Die Offiziere und Mannschaften wurden in Chile interniert.

»Mopelia« nannte Luckner das Schiff, mit dem er nach seinem Triumphzug durch die USA Kreuzfahrten für zahlende Gäste in der Karibik anbot: Es war die umgetaufte »Vaterland«. Ein lohnendes Geschäft wurde es nicht. Aber Luckner war bald so weit, sich wiederum eine Chance zu geben. In Deutschland waren die Nationalsozialisten an die Macht gekommen. Das waren für den Grafen neue Leute, mit ihnen ließe sich vielleicht etwas neues anfangen. Er bot das Schiff der Reichsregierung an und schlug vor, es zum Ausbildungsschiff für die Hitlerjugend zu machen; nach einer notwendigen Umrüstung jedoch sollte es wieder auf Fernreise gehen, um in anderen Ländern zu zeigen, wie sympathisch die deutsche Jugend sei und wie viel Vertrauen das neue

Deutschland verdiene.

Alles ließ sich gut an, aber dann brach ein Brand auf dem Schiff aus, und es sank. Luckner gelang es, ein neues zu kaufen und – unterstützt von der Reichskanzlei, er traf mehrmals mit Hitler zusammen – wurde eine Reise in die Südsee in Angriff genommen. Das neue Schiff wurde »Seeteufel« genannt. Die Erfolge der Reise in Neuseeland und Australien hielten sich in Grenzen. Man empfing ihn hier keineswegs mit offenen Armen. Und nationalsozialistisch gesonnene Beobachter hatten mitnichten den Eindruck, daß der Graf Propaganda für Hitlers Deutschland betrieb.

Es kam zu Denunziationen – und die beschränkten sich schon bald nicht nur auf die unbekümmerte Art, in der Luckner allein für sich die Werbetrommel rührte. Man entdeckte, daß der Graf bei den Freimaurern war. Man monierte sein Gewinnstreben. Man gab vor Anstoß zu nehmen an etlichen Frauengeschichten, mit denen der seit 1924 verheiratete Korvettenkapitän a. D. aufgefallen war. In der Öffentlichkeit bekannt wurde kaum etwas davon. Hier schützte ihn, was er sich als Maulheld erworben hatte: eine außerordentliche Popularität aufgrund von Eigenschaften und Leistungen, mit denen auch die Nazis die deutsche Jugend begeistern wollten.

Am 5. Juli 1939 veranlaßte Hitler ein Sonderehrengericht, das die Vorwürfe gegen Luckner untersuchen sollte. Der Chef der Reichskanzlei und der Reichsführer-SS sollten sich darum kümmern. Das Gremium wurde hochkarätig besetzt. Es hatte sich zu befassen mit den Vorwürfen: Promiskuität, Ehebruch, sexuelle Hemmungslosigkeit. Sodann: Mitgliedschaft bei den Freimaurern und falsche Angaben darüber. Schließlich: Politisches Fehlverhalten und Unregelmäßigkeiten während der Reise mit dem »Seeteufel«. Zu letzterem Punkt befand indes auch der Reichskriegsanwalt, daß die gegen Luckner »eingereichten Beschuldigungen einseitig abgefaßt« seien. Der Kriegsausbruch im September 1939 ließ das geheime Gericht auseinanderstieben. Man verwies auf Geständnisse des Beschuldigten zu diesem und jenem Punkt und schlug vor, das als genügend anzusehen für »die weiteren Entschließungen des Führers«.

Die Reichskanzlei formuliert schließlich – am 25. Januar 1940 – das Verdikt, »daß Graf von Luckner für alle Zukunft aufgegeben wird, unter keinen Umständen und bei keinerlei Anlässen öffentlich hervorzutreten, das völlig zurückgezogene Leben eines Privatmannes zu führen und das Seinige dazu zu tun, daß in der Presse und der sonstigen Öffentlichkeit seiner Person in keiner Weise mehr gedacht wird.« So in dem Schreiben an Heinrich Himmler. Und um ganz sicher zu gehen, gab es einen Zusatz: »Der Herr Propagandaminister ist hierbei ersucht, dafür Sorge zu tragen, daß der Name des Grafen Luckner in der Presse und in sonstigen öffentlichen Verlautbarungen künftig nicht mehr genannt und seiner Person auch in Form von Erinnerungen an frühere Taten des ›Seeteufel‹ nach Möglichkeit nicht mehr gedacht wird.«

Daß dieses ganze Verfahren und seine Ergebnisse rechtlich nichts bedeuteten, brauchte kaum eigens erwähnt zu werden – hätte man nicht lange nach dem Krieg Luckner vorgeworfen, die Unwahrheit zu sagen, wenn er behauptete, seine Schwierigkeiten mit den Nazis seien daher gekommen, daß er sich geweigert habe, seinen Ehrenbürgerbrief an San Francisco zurückzugeben. Was immer in den Vernehmungen durch die Ermittlungsbeamten and Gerichtspersonen zur Sprache gekommen sein mag, was immer der klandestin

Beschuldigte zugegeben haben mag, man kann es vergessen. Luckner war in der Marine nicht beliebter als Rommel im Heer. Beide konnten auf Sympathie bei ihren höher gestellten Offizierskameraden nicht rechnen. Rommel wurde von zwei Generalen durch den Hinweis auf die Folgen eines öffentlichen Prozesses in den Tod getrieben. Luckner wird gespürt haben, daß es für ihn besser war, einen Weg zu suchen, seine Verfolger einigermaßen zufrieden zu stellen, als auf rechtsförmige Feststellung der Wahrheit oder Unwahrheit der Beschuldigungen zu bestehen. Aus den Papieren der Nationalsozialisten heute eine solche Feststellung herausarbeiten zu wollen, ist Unfug.

Man kann nicht sagen, woher der Furor des Verfolgungswillens kam, der Luckner derart zusetzte. Aber man kann sagen, daß es Neid, Mißgunst und Übelwollen gegen einen gefeierten Helden war, was einflußreiche Männer veranlaßte, ihn nieder zu stoßen. Mit knapper Not, da um seine Einkünfte gebracht, überlebte Luckner die Kriegszeit in Halle, von wo er Jahrzehnte zuvor ausgerückt war, um zur See zu gehen, Schiffsjunge zu werden. 1945 bei der kampflosen Übergabe seiner Heimatstadt an die Amerikaner tat er sich noch einmal hervor, als er auf die herannahenden Truppen zuging und im Vertrauen auf seine Bekanntheit und Popularität hoffte, weiteres Blutvergießen verhindern zu können.

Auch das hat der Graf später großartiger dargestellt, als es wohl den Tatsachen entsprach. Aber auch hier sind die Tatsachen in ihrer nüchternsten Fassung noch imponierend genug, um Luckner dafür Respekt zu zollen.

In den 50er Jahren wandte sich der Seeteufel wieder mit nationalem Pathos und purer Abenteuerfreude in Vorträgen an junge Menschen. Und immer noch und wieder waren es die einfachen Züge liebender Anerkennung, tapferen Wagens und herzlich empfundener Dankbarkeit, mit denen er seine Zuhörer bewegen konnte und viele bewegt haben mag.

In der Fassung seines berühmten Buches von 1951 ist es der Schluß des Kapitels, dem er die Überschrift gegeben hat: »Schönste Jahre«. In der Fassung von 1921 heißt das Kapitel: »Offizier und immer mal wieder Matrose«. Da beschreibt Luckner, wie er nach der Abfahrt mit seinem ersten, dem russischen Schiff aus Hamburg zum ersten Mal wieder dorthin zurückkehrt. Er kommt zum Haus am Brauerknechtsgraben: »›Peter Brümmer‹ stand noch an der Tür. Ich klopfe an und trete ein, aber nur seine alte gebrochene Schwester kommt mir in gebückter Haltung entgegen. Ich frage: ›Wo is Pedder?‹

›Pedder is dod.‹ Und dann: ›Bist du dat, bist du sin Jong?, den he no See to bröcht hett? Wie manchmal hett he an di dacht, wie oftmal hett he seggt: Wo ist wohl de Jong? Pedder is nich meh, he is nu all drei Johr dod.‹

›We liggt he denn begraben?‹

›In Ohlsdorp.‹

Und Luckner, noch Phylax Lüdecke, besucht das Grab, findet es zu ärmlich, kauft in einem Altwarengeschäft einen eisernen Anker und läßt daran, bevor er ihn zum Grab bringt, eine Messingtafel anbringen mit der Inschrift:

»Ik hev di nich vergeten. Din Jong.«

Ernst Udet

Von den überlebenden Helden des Ersten Weltkriegs auf deutscher Seite, die auch international populär wurden, hat allein der alte Hipper keine Erinnerungen veröffentlicht. Die Bücher Jüngers, Rommels, Luckners und Lettow-Vorbecks erfuhren weite Verbreitung. Eine gekürzte Fassung von Rommels »Infanterie greift an« erschien 1944 im amerikanischen »Infantry Journal« und noch einmal 1990 unter dem Titel »Infantry attacks«. Eine weitere Übersetzung des Buches ins Englische, »Attacks«, kam 1979 heraus. Der Jagdflieger Ernst Udet publizierte seine Erinnerungen 1935 im Berliner Ullstein Verlag: »Mein Fliegerleben«. Es ist gerade in den Kapiteln, die den Jahren 1914 bis 1918 gewidmet sind, das am wenigsten kriegerische Buch. Zwar gibt es auch hier gelegentlich markige Sprüche: »Soldat sein heißt an den Feind denken und an den Sieg und sich selbst darüber vergessen!«, schreibt er einmal, als er den »Augenblick« schildert, in dem ihm »der Sinn des Soldatentums« aufgegangen sei. Aber diese Sprüche stehen in merkwürdigem Kontrast zu dem, was der Autor erkennbar viel lieber von seinen Erlebnissen im Luftkampf und auf dem Boden erzählt.

Bei seiner ersten Begegnung mit einem französischen Flieger im Dezember 1915 bringt er es nicht über sich, auf ihn zu schießen. Der Gegner entkommt. Udet, noch in der Luft, macht sich Verwürfe, landet beschämt, verkriecht sich, leidet.

Aus dieser unglücklichen Stimmung befreit er sich durch die Entdeckung des Soldatentums. Es ist das Absichtsvolle dieser Wendung, das geeignet ist, hier den Leser in Verlegenheit zu bringen. Oft kommt dergleichen bei Udet nicht vor. Sein Buch enthält keineswegs nur Lustiges, aber daß es ein fröhlicher Kerl geschrieben hat, ist doch unübersehbar. Schon im Erscheinungsjahr wurden 300 000 Exemplare davon verkauft. Udet konnte den finanziellen Erfolg gut gebrauchen, denn er war gerade in Hitlers Luftwaffe als Oberst eingetreten, und als Oberst verdiente er weit weniger Geld als zuvor als Kunstflieger. General Mahnke, Chef der Fliegerschulen, wollte das Buch aus den Bibliotheken der Luftwaffe entfernen lassen, er hielt es für unernst und unsoldatisch. Hermann Göring, Oberbefehlshaber der Luftwaffe, 1918 Udets Vorgesetzter als Kommandeur des legendären Richthofen-Geschwaders, mußte eingreifen, um das zu verhindern.

Udet, der sein Leben lang gern Karikaturen zeichnete und die verwirrendsten Freundschaften schloß, war ein flapsiger Soldat. Erst 23 Jahre alt, wird er 1918 mit dem Pour le mérite ausgezeichnet. Er befindet sich auf Krankenurlaub in München. »Ich freue mich«, schreibt er in seinen Erinnerungen, »ich freue mich wirklich, obwohl es mir nicht ganz so überraschend kommt. Denn mit einer bestimmten Zahl von Abschüssen fällt auch der Pour le mérite. Schon beinah automatisch.« Aber man ist höheren Orts durchaus gewillt, einer Inflationierung dieses Ordnens bei der neuen Waffengattung entgegenzuwirken. Oswald Boelcke und Max Immelmann bekamen ihn nach ihrem achten Abschuß, Manfred von Richthofen nach dem 16., und Udet hatte mehr als zwanzig nachweisen müssen, bevor er den blauen Stern erhielt. Man war dazu übergegangen, bei den Fliegern sparsamer mit der

Verleihung umzugehen, aber offensichtlich wurde er deshalb in diesen Kreisen nicht wertvoller.

Das, was Leute wie Udet empfanden, wenn sie an ihr Handwerk dachten, hatte sich vom Kriegerischen entfernt. Das war nicht nur auf deutscher Seite so. Im November 1916 begann in Paris eine neue Illustrierte zu erscheinen, »La Guerre Aérienne«. Wie ehrgeizige Sportzeitungen hervorragende Wettkampfergebnisse auch aus fremden Ländern melden, so bot diese Illustrierte ihren Lesern kaltschnäuzig eine Liste der besten deutschen Jagdflieger, und zwar der inzwischen Toten (wie Boelcke und Immelmann) sowie der Lebenden. Udet und Richthofen hatten da noch nicht die Erfolge zu verzeichnen, die ihnen einen Platz auf der Liste verschafft hätten. Aber als Richthofen im April 1918 abgeschossen wurde, er hatte achtzig Abschüsse erzielt, war Udet für »La Guerre Aérienne« schon der Mann, der »den roten Baron« ersetzen sollte. Allein im August 1918 holte Udet zwanzig Gegner vom Himmel: »Bei einem der Toten findet man mein Bild, aus einer Zeitung vom gleichen Tage ausgeschnitten. ›As de as‹ steht darunter. Der Rittmeister ist tot und jetzt habe ich die meisten Abschüsse.« Es sollten bis Ende des Krieges 62 werden.

Es gab für die Fliegerasse Auszeichnungen anderer Art. Und die wiesen voraus auf eine neue Zeit. Das »As der Asse« wurde mit anderen erfahrenen Frontfliegern im Januar 1918 nach Berlin zu einem Vergleichsfliegen kommandiert. Hier stellten die Flugzeugwerke ihre neuen Erzeugnisse vor. Nachdem Werksflieger die Flugtauglichkeit erprobt hatten, sollten jetzt die kampferprobten Jagdflieger ausprobieren und zeigen, was sich mit den neuen Maschinen tatsächlich in der Luft anstellen ließ, in Situationen, in denen das Verhalten des

Flugzeugs über Leben und Tod des Piloten entscheiden konnte. Erst danach sollten die besten Typen in Serienfertigung gehen.

Die Piloten wurden hofiert wie die Könige. Sie waren in den besten Hotels der Reichshauptstadt untergebracht, im »Adlon«, im »Bristol«, das Essen war exquisit, zu Trinken gab es vom Feinsten, an kostbare Geschenke war auch gedacht worden, und schöne Frauen, die wußten, was sie zu tun hatten, gab es auch. Der militärisch-industrielle Komplex umwarb seine Helden – und das waren die, von denen man sich Aussichten auf lukrative Geschäfte versprach.

Allerdings, wer das erleben durfte, mußte viele Freunde überlebt haben. Im Frühjahr 1917 hatte Udet seinen Staffelführer zu vertreten. Nach wenigen Wochen besteht die Staffel nur noch aus vier Piloten. Der 21 Jahre alte Leutnant muß die Briefe an die Angehörigen schreiben. Der fröhliche Anfang bei den »Feldfliegern« in Habsheim (südlich Mulhouse) liegt weiter hinter ihm, als die 18 Monate seither es andeuten können. »Ich bin der letzte der Jagdstaffel 15«, schreibt Udet an einen Freund, nachdem wieder einer seiner Leute vom Feindflug nicht zurückgekehrt ist, »der letzte von denen, die damals von Habsheim abfuhren. Ich möchte an eine andere Front, ich möchte zu dir.«

Er kommt weg. Und wenig später ist er bei Richthofen. »Andere Staffeln wohnen in Schlössern oder kleinen Ortschaften«, kommentiert er »das Geheimnis« des Erfolgs dieses Geschwaders, »zwanzig, dreißig Kilometer hinter der Front. Das Geschwader Richthofen haust in Wellblechbaracken, die in wenigen Stunden abzubrechen und wieder aufzubauen sind. Sie stehen selten mehr als zwanzig Kilometer hinter der vordersten Linie. Andere Staffeln starten zwei- bis dreimal am Tage. Richthofen und seine Leute steigen fünfmal auf. Andere stellen bei schlechtem Wetter den Flugbetrieb ein, hier wird fast immer geflogen.«

Am meisten aber ist Udet überrascht von dem, was er die Gefechtslandeplätze nennt: »Wenige Kilometer hinter der Front, oft noch unmittelbar im Bereich der feindlichen Granaten, sitzen wir, fertig angezogen, auf Liegestühlen mitten im freien Feld, die Flugzeuge startbereit daneben. Sobald sich ein Gegner am Horizont zeigt, steigen wir auf. Einer, drei oder eine ganze Staffel. Gleich nach dem Kampf landen wir, strecken uns wieder in die Feldstühle, suchen den Himmel mit Ferngläsern ab und warten auf den nächsten Gegner.«

Der nächste Gegner wird wie der zuletzt angetroffene ein persönlicher Gegner sein. Man hat viel von dem Mythos der Ritterlichkeit gesprochen, der aus den Geschichten über die Luftkämpfe hervorging. Mit der Zeit hat das Wort vom Mythos in diesem Zusammenhang weniger die moralische Erhöhung des Ereignisses zum Ausdruck gebracht als vielmehr den Zweifel an der Glaubhaftigkeit der Berichte darüber. Aber es muß nicht richtig sein, das, was propagandistischer Eifer aus dem manchmal mythosfähigen Stoff gemacht hat, gegen das Erlebnisgefühl der Einzelkämpfer zu wenden, die allein in ihren Flugzeugen und einem einzelnen Gegner konfrontiert, Tag für Tag, aber mit langen Pausen mehr oder weniger komfortabel gestalteten Nichtstuns, ihre eigenen, kommunikativ haltbaren Strategien zur Überwindung von Angst und Unruhe entwickelten. Orden halfen dabei nicht.

Berühmt und viel bezweifelt wurde die Geschichte der Begegnung Udets mit dem französischen Jagdflieger Guynemer. Beide sind allein, keine Begleitung in der Nähe. Sie umkreisen einander in sorgfältig ausbalancierten Kurven: »Wer den Gegner zuerst im Rücken hat«, schreibt Udet in seinen Erinnerungen, »ist verloren. Denn der Einsitzer kann mit seinen fest eingebauten MG.s nur nach vorn heraus schießen, hinten ist er wehrlos.« Udet kann das Gesicht seines Gegners unter der Lederhaube erkennen. Beim fünften Aneinandervorbeihuschen der Maschinen vermag er auch die Aufschrift zu lesen: »Vieux« – der Alte. Und Udet weiß von ihm so viel, wie die Franzosen von den deutschen Fliegerassen wissen: Guynemer hat schon dreißig deutsche Piloten abgeschossen. Der Kampf nimmt an Intensität zu. Die Flieger versuchen alle Tricks, die sie drauf haben und die Udet später als Kunstflieger zur Begeisterung eines zahlreichen und zahlungswilligen Publikums vorführen wird: Loopings, überraschende Wendungen, seitliches Abrutschen. Der Franzose bekommt alles mit, scheint alles schon im Ansatz zu erspüren. Udet: »Allmählich merke ich, er ist mir überlegen. Nicht nur die Maschine da drüben ist besser. Auch der Mann, der drin sitzt, kann mehr als ich.«

Der Kampf geht weiter. Plötzlich hat Udet seinen Gegner im Visier. Er bedient das MG per Knopfdruck, doch das hat Ladehemmung. Das Umeinanderherumkurven geht weiter. Acht Minuten lang. Guynemer fliegt – auf dem Rücken liegend – über ihn hinweg. Udet vermutet, der Franzose habe in diesem Augenblick gesehen, wie er mit beiden Fäusten auf dem MG herumtrommelte – ein robustes Hausmittel gegen eine Ladehemmung. Guynemer, davon ist Udet überzeugt, weiß nun, daß der Deutsche nicht schießen kann, also wehrlos ist. Wieder fliegt er – auf dem Rücken liegend – dicht über ihn hinweg. Da geschieht's: »Er streckt die Hand aus und winkt mir, winkt ganz leicht und taucht im Sturzflug hinab nach Westen, in Richtung auf seine Front. Ich fliege nach Hause, ich bin wie benommen.«

Udet selbst erwähnt sogleich, daß manche behaupten, Guynemer habe selber eine Ladehemmung gehabt und gefürchtet, sein Gegner könne auf den Gedanken verfallen, ihn in der Luft zu rammen, derlei kam schon mal vor. »Aber«, schreibt er 1935, »ich glaube ihnen nicht. Ich glaube, daß auch heute noch ein Stück vom ritterlichen Heldentum alter Zeiten lebendig geblieben ist. Und deshalb lege ich diesen späten Kranz auf Guynemers unbekanntes Grab.«

Das ist eine schöne Geschichte, und man muß nicht die Absicht haben, sie weniger schön erscheinen zu lassen, wenn man darauf verweist, daß die beiden Fliegerasse wahrscheinlich nicht so sehr der Gedanke an das Heldentum der alten Ritter miteinander verband, als vielmehr das Solidarität stiftende Bewußtsein, einer modernen Elite anzugehören, die dabei war, ihre eigenen Ansprüche zu erkunden. Mit dem Blick auf ihre Flugzeuge – und die Industrie, die sie baute, und die verkehrstechnische Entwicklung, die von ihr zu erwarten war – hatten Guynemer und Udet mehr miteinander zu tun als Udet und Jünger oder Udet und Rommel, der gern Ingenieur bei den Zeppelin-Werken in Friedrichshafen geworden wäre. Wenn Jünger in Sennelager bei Paderborn über neuere Entwicklungen in der Stoßtrupp-Taktik hätte berichten sollen – ergänzt durch praktische Vorführungen – so war die Leutnantsstube der nächstgelegenen Kaserne für die Zeit sein Quartier, und sein Essen hätte er in einem langweiligen Offizierskasino eingenommen. Das »Adlon«, in dem die Pfalzwerke ganze Etagen reserviert hatte, wenn die Pour le mérite-Träger zum Vergleichsfliegen nach Berlin kamen,

konnten sich der Apothekersohn aus Hannover und der Leh-
rersohn aus Heidenheim nur von außen ansehen.

Udet blieb dabei, nicht nur bei seiner schönen Geschichte,
sondern auch bei dem schönen Leben unter der Sonne der
groß werdenden Industrie, das den Überlebenden vorbehalten war. Der Kunstflieger Udet war nach dem Krieg auf die
französische Zeit Schrift »La Vie Aérienne« abonniert – diese
war aus der Illustrierten »La Guerre Aérienne« hervorgegangen. Zunächst konnte er sie nur über die Schweiz beziehen,
was sechs Wochen Verzögerung bedeutete, bis er sie in Händen hatte. Das gefiel ihm nicht. Deshalb schrieb er einen
Brief an den Herausgeber des Fachblatts, das soeben damit
begonnen hatte, seine Leser mit dem Abdruck von Udets
erstem Buch »Kreuz wider Kokarde« zu erfreuen. Man hatte
den Autor nicht um Erlaubnis gefragt. Jetzt bat dieser um
direkte Zusendung der Exemplare und bot an, einem französischen Flieger, den er im August 1918 abgeschossen hatte,
Storchenabzeichen wiederzugeben, das er aus dessen Maschine herausgeschnitten hatte. Die Zeitschrift druckte Udets
Brief in voller Länge ab. Man verstand sich.

Man verstand sich nicht nur privat. »Jane's All the World's
Aircraft«, wichtigster Informant für die Global Player der
neuen Industrie, verlangte und erhielt 1923 von Udet einen
Artikel, der die Leistungen der Firma Udet-Flugzeugbau vorstellen sollte. Die Firma hatte er im Oktober 1922 mit einigen
Teilhabern gegründet, und die Maschinen, die man entwik-
kelte und baute, wurden mit dem großen U bezeichnet und
gezählt. Im Juli 1923 war man bei U 5 angekommen, und
Udet verkündete in »Jane's«: »Die grundlegende Idee des
Udet-Flugzeubaus ist es, das Fliegen so billig und gewinn-
bringend wie möglich zu machen. Die großartigen Leistun-

gen des 40 PS starken Avro Baby beweisen, daß auch eine Maschine mit schwachem Triebwerk gute Flugeigenschaften aufweisen kann.« Und so fort. Der Kriegsheld konnte auch ein Maulheld sein. Am liebsten aber war er amüsant.

U 12, der erste von der Udet-Flugzeugbau hergestellte Doppeldecker, sollte als »Flamingo« Karriere machen und dabei das meiste seinem Piloten verdanken: Ernst Udet, der sich aus der Firma verabschiedete und mit Schauflügen seine Popularität und die Begeisterung für das kleine Flugzeug immer aufs neue zu steigern wußte. Er lebte in München im Hotel »Vier Jahreszeiten« und hatte dort die Zimmer nach seinem Geschmack eingerichtet. Er gab viel Geld aus. Das hielt er für normal. Und er begann ein glamouröses Leben zu führen, daran gewöhnte er sich gern. Es scheint, er suche den gesellschaftlichen Wirbel.

»Ich habe mich nie«, schreibt er in seinen Erinnerungen, »um abgeschossene Gegner gekümmert. Wer kämpft, darf nicht auf die Wunden sehen, die er schlägt.« An der Stelle seines Buchs, an der er diese rüden Sätze schreibt, tut er es doch. Er hatte einen Luftkampf »schweißnass am ganzen Körper« beendet: »Die Nerven vibrieren noch.« Nun möchte er wissen, wer sein Gegner war. Er läßt sich in das Hospital fahren, in das man den Toten gebracht hat. Es war ein kanadischer Leutnant, ein Kopfschuß hatte ihn getötet. Man zeigt Udet eine Visitenkarte und ein »Bild von einer alten Frau und einen Brief. ›Du mußt nicht soviel Feindflüge machen. Denk doch an Vater und mich‹.« Auch das hat Udet nicht vergessen.

Das Leben des Publikumslieblings wird hektisch. Man feiert ihn als Filmstar. Afrika und Grönland werden für ihn und seinen »Flamingo« zur Kulisse. Er dreht mit Leni Riefenstahl – als Schauspielerin – »Die weiße Hölle vom Piz Palü«:

Udet als tapferer Rettungsflieger. Mit seinem Flugzeug unternimmt er die waghalsigsten Dinge und hat Erfolg. Volksflugtage sind überall beliebt. Udet hat die Hauptattraktion zu bieten: an der Vorderkante der unteren Tragfläche seines Doppeldeckers ist ein etwa zwei Meter langer Bambusstab befestigt. An der Spitze des Stabes ist ein Haken. Mit diesem Haken hebt Udet ein Taschentuch vom Boden auf. Der Kunstflieger kommt herum: Wettflüge, Schauflüge, Scherze aller Art.

»Kaffee in Berlin, Forellen am Eibsee, Cocktail in St. Moritz, das sind Freuden, die auch den snobistischsten Flugzeugbesitzer glücklich machen«, beschreibt Udets Biograph Armand von Ishoven den Lebensstil, der dem kaum 1 Meter 60 großen Charmeur zusagt.

Er hätte ein Freund von Ernest Hemingway sein können, eine Romanfigur aus der Zeit in Paris. Aber Udet kam nach Berlin und sein Freund war Carl Zuckmayer. Die beiden Fabrikantensöhne waren Lustpreußen. Zuckmayer, aus Rheinhessen, war mit dem »Hauptmann von Köpenick« ein Klassiker zu Lebzeiten geworden. Udet, 1896 in Frankfurt geboren, war in München aufgewachsen, aber die Bayern hatten ihn, als der Krieg ausgebrochen war, nicht zu den Soldaten lassen wollen: zu jung, zu klein. Die Preußen nahmen ihn. Zum Dank verzichtete Udet, als er ein hochdekorierter Kriegsheld war, auf das Angebot, zum bayrischen Heer überzuwechseln, obwohl ihm dieser Schritt den persönlichen Adel eingebracht hätte. Ernst Ritter von Udet? Das denn doch nicht!

Udet und Zuckmayer liebten und ironisierten das Militärische. Beide hatten ein Faible für wirkungsvolle Auftritte. Beide nutzten das in ihrem Handwerk schamlos aus. Beide tranken gern und viel – und denkwürdig wurde der Abend, der für sie in Udets Privatwohnung in der Pommerschen Straße am Preußenpark, in der »Propellerbar« endete. Zuckmayer hat ihn in seinen Memoiren »Als wärs ein Stück von mir« beschrieben. Der Presseball in Berlin fällt gleichsam in ein Interregnum: Kurt von Schleicher, der politisierende General, ist nicht mehr Reichskanzler, ist auch hier nicht erschienen. Adolf Hitler, der Gefreite als Politiker, ist noch nicht Reichkanzler und fehlt ebenfalls. Aber die feine Gesellschaft Berlins hat sich schon auf die neuen Verhältnisse eingestellt. »Die Menschen«, schreibt Zuckmayer, den die Nazis nicht mochten, »bewegten sich in einer Mischung von beklommenem Ernst und hektischer Lustigkeit.« Der gefeierte Dramatiker und der umschwärmte Flieger tranken Cognak und »waren bald in dem Zustand, in dem man kein Blatt vor den Mund nimmt. ›Schau dir die Armleuchter an‹, sagte Udet und deutete in den Saal, ›jetzt haben sie alle schon ihre Klempnerläden aus der Mottenkiste geholt. Vor einem Jahr war das noch nicht à la mode.‹ Tatsächlich sah man in vielen Knopflöchern und auf vielen Fräcken die Bändchen der Kriegsdekorationen, die früher kein Mensch auf einem Presseball getragen hätte. Udet band sich seinen Pour le mérite, den er immer zum Frack unter der weißen Krawatte trug, vom Hals und steckte ihn in die Tasche.«

Das war eine Geste, aber keine für die Zukunft, Der neue »Reichskommissar für die Luftfahrt« hieß Hermann Göring. »Er wirbt Leute an«, erzählte Udet seinen Freunden, »mir hat er das Geld für zwei ›Curtiss Hawk‹ versprochen.« Udet hatte seine Kunststücke mit dem »Flamingo« auch in den Vereinigten Staaten gezeigt. Die Amerikaner waren begeistert von ihm. Und er von den Amerikanern. In Cleveland, im Herbst

1931, traf er nach seiner Show Edward Rickenbacker, einst
mit 24 Abschüssen Amerikas erfolgreichster Jagdflieger, jetzt
Vizepräsident der »General Aviation Manufacturin Corporation«. Rickenbacker, so erinnert sich der deutsche Gast, hält
eine ebenso patriotische wie völkerverbindende Rede. Dann
reicht er ihm die Hand. »Die Menge bricht in Beifallsgeschrei
aus«, notiert Udet: »Wir stehen wie auf unserem eigenen
Denkmalssockel, Hand in Hand, mit ehernen Gesichtern.«
Diese Zeilen muß Helmut Kohl gelesen haben, als sich in ihm
die Vorstellung von historischen Bildern zu formen begann.
»Plötzlich«, fährt der Autor fort, »beugt sich der lange Rickenbacker zu mir herunter, ein Grinsen auf dem hageren Gesicht, klopft vielsagend auf die Gesäßtasche »Have a drink
with me«, raunt er. Dabei freilich hätte Kohl auch mitge-
macht.

Udet hat auch die Tricks von Luckner drauf. Im Rahmen
der National Air Races gibt es einen »Deutschen Tag«. Bei
dieser Gelegenheit präsentiert man Udet den Leutnant
Wanamaker, den er im Juli 1918 abgeschossen hatte. Wanamaker ist zusammen mit seiner Frau gekommen. Er begrüßt
Udet mit einem burschikosen Spruch, der unter älter gewordenen Männern immer am Platze ist: »Hallo Ernest! Sie sind
aber dick geworden.« Kein Pathos diesmal? Udet, die hohe
Schule der Rhetorik exerzierend, dreht den Spieß um, ver-
fährt nach dem entgegengesetzten Muster, sympathische
Wirkung zu erzielen: »Ich bringe ein Stück Leinwand zum
Vorschein, ich habe es hinter dem Rücken verborgen gehalten. Es ist die Nummer seines Flugzeuges, in dem ich ihn
damals abschoß.« Wenn es stimmt, was der Ozeanflieger
Charles Lindbergh über Udets Wohnung geschrieben hat –
»mit Flug- und Jagdtrophäen und mit jenen Souvernirs

angefüllt, die man im Laufe eines aktiven Lebens und auf vielen Reisen sammelt« – dann kann es mit der Flugzeugnummer sogar seine Richtigkeit haben. Wanamaker jedenfalls ist überwältigt: »›Das ist aber nett‹, stammelt er – ›wirklich fein, daß Sie daran gedacht haben.‹ Er hat vergessen, daß wir vor dem Mikrophon stehen. ›Wissen Sie was‹, sagt er, ›wenn der ganze Klimbim hier vorbei ist, kommen Sie zu uns nach Acron. Meine Frau würde sich auch freuen. Nicht, Mildred?‹ Frau Wanamaker nickt, ein bißchen verlegen. ›Ja‹, haucht sie. Das Volk unten aber bricht in Jubelgeschrei aus.«

Im Frühjahr 1939 kommt Colonel Rickenbacker zu einer Besuchstour nach Deutschland. Udet trägt jetzt den pompösen Titel eines Generalluftzeugmeisters und empfängt den amerikanischen Geschäftsmann mit allem Gepränge und Gedröhne, das man aufbieten konnte, um Gästen zu imponieren. Als Rickenbacker, nun Chef der Eastern Airlines, im Februar 1941 einen schweren Unfall erleidet, schickt ihm Udet, jetzt Generaloberst, ein Genesungstelegramm in die Klinik in Atlanta. Es ist die Zeit, in der nachts auch schon angreifende britische Bomber über Berlin erscheinen.

Die amerikanischen »Curtiss Hawk«, die Göring ihm versprochen hatte, bekam er im Sommer 1933. Da war er schon Mitglied der NSDAP. Sein Beitrittsdatum wurde rückwirkend auf den 1. Mai 1933 gelegt. Anfang Juni bestieg er in Bremerhaven die »Europa« und fuhr nach Amerika. Bei der Curtiss Wright Corporation in Buffalo hatte er zwei Maschinen bestellt. Als er in Amerika ankam, waren die Flugzeuge schon bezahlt: 11 500 Dollar das Stück. Udet reiste diesmal kreuz und quer durch Nordamerika, trat als Flieger auf, redete aber auch als beschwichtigender Vertreter der neuen Verhältnisse in Deutschland. Höhepunkt der Reise war Hol-

lywood. Udet genoß wie in Berlin die Gesellschaft von Film-
leuten, zumal die von Schauspielerinnen. Als er im Oktober
nach Deutschland zurückkehrte, waren die beiden Flugzeuge schon angekommen. In Rechlin, unweit des Großen
Müritzsees, zeigt Udet, was man mit der Maschine machen
kann. Er läßt sie aus großer Höhe herunterstürzen und fängt
sie erst kurz vor dem Boden ab. So können im Krieg Angriffe
auf Bodenziele erfolgen. Auch darin hat Udet Erfahrung.

In dem Buch »Mein Fliegerleben« schildert er den Angriff
auf einen Panzer, im Ersten Weltkrieg Tank genannt: »Kaum
drei Meter über dem Boden jage ich auf ihn zu, ganz dicht
heran, überspringe ihn, kehre um und attakiere ihn von
neuem. So nah rücke ich ihm auf den gepanzerten Leib, daß
ich jede Niete der Stahlplatten, jedes Geschützrohr erkennen
kann. Selbst das verwaschene Kleeblatt an der Seite, Talisman
oder Wappen. Wieder ein Sprung über ihn hinweg, das Fahr-
gestell streift fast den Buckel des Panzerturms. Kehrtwen-
dung, wieder schieße ich auf ihn los.«

Das Jahr 1933 geht für Udet mit der Aufforderung des
Staatssekretärs im Reichsluftfahrtministerium Erhard Milch
zuende, bei der Entwicklung eines geplanten Sturzkampf-
flugzeuges mitzuwirken und zu den Beratungen ins Ministerium zu kommen.

Nach dem Ersten Weltkrieg hatten die Alliierten versucht,
eine künftige deutsche Luftwaffe unmöglich zu machen. Alle
Militärmaschinen mußten abgegeben werden, der Bau neuer
Flugzeuge war nur unter krassen Beschränkungen erlaubt. Im
Truppenamt der Reichswehr hatte Hans von Seeckt gleich-
wohl schon 1920 ein Fliegerreferat geschaffen. Das bestand
aus einem Hauptmann, einem Unteroffizier und einer
Schreibkraft. Die Flieger übten derweil mit Segelflugzeugen in

der Rhön oder mit Udets »Flamingos« in einer der zivilen
Flugschulen. Dann wich man auf Flugplätze in der Sowjetunion aus. Die Beschränkungen für den Flugzeugbau wurden
1926 aufgehoben. Keine zehn Jahre später, am 26. Februar
1935 wurde die »Reichsfuftwaffe« offiziell: Hitler unterzeich-
nete einen entsprechenden Erlaß. Im Sommer war Udet wieder bei den Soldaten. Er bekam den Dienstgrad eines Obersten und ein Dienstzimmer im Technischen Amt des
Reichsluftfahrtministeriums. Der Herr des Hauses war
Göring, und der sorgte bald dafür, daß Udet, der sich sträubte,
Chef des Technischen Amtes wurde. Er wollte lieber der oberste Testflieger der Luftwaffe sein und stellte seine Begabung
dafür so oft er durfte unter Beweis. Kurz vor seinem 40. Geburtstag wurde er 1936 zum Generalmajor ernannt.

Die Karriere hatte ihn jetzt fest im Griff. Nebenbei stellte
er mit einer Maschine der Heinkel-Werke einen neuen
Geschwindigkeits-Weltrekord auf. Als Zivilist hätte er dafür
einen ansehnlichen fünfstelligen Betrag erhalten. Als Offizier
bekam er Glückwünsche – darunter die des französischen
Jagdfliegers René Fonck, mit dem er sich in den 20er Jahren
angefreundet hatte. Von Hitler kam ein Verbot: er solle nicht
weiterhin so abenteuerlich in der Luft herumkutschieren.
Das wollte Udet auf keinen Fall akzeptieren. Schließlich
wurde nur ein Verbot von Kunstflügen aufrecht erhalten.
Udet unterflog es.

Er war am falschen Platz und wußte es. Er diente den falschen Herren und wußte es. Das Programm, das er zu ver-
wirklichen half, mußte in die Katastrophe führen, und er
wußte es. In all den Jahren seiner zweiten Karriere in Uniform äußerte er sich in zahllosen Gesprächen, die zum zweiten Mythos Udet gehören, abfällig über die Nationalsoziali-

sten und ihre Politik. Vieles davon mag so, wie es kolportiert wird, nicht gesagt worden sein. Einiges ist immerhin so gut bezeugt, daß man es glauben kann.

Ende 1936 traf er noch einmal Zuckmayer, der emigriert war, in Berlin. Für den Dichter Höhepunkt einer gefährlichen Reise. Man hatte sich in einem Lokal verabredet. »Schüttle den Staub dieses Landes von deinen Schuhen«, soll Udet zu seinem Freund gesagt haben, wie der sich Jahrzehnte später in seinen Memoiren erinnert, und es klingt grad so, als wärs aus einem Stück von ihm, »geh in die Welt und komm nie wieder. Hier gibt es keine Menschenwürde mehr.«

Als Zuckmayer dies schrieb, hatte er bereits einen dritten Mythos Udet geschaffen – und teilweise wieder zurückgenommen. Er hieß: »Des Teufels General«. War Udet als General Harras ein Irrtum, ein Mißverständnis? Der Dramatiker wurde des Mißverstehens nicht Herr und resignierte. Er zog das Stück zurück und arbeitete es um. Es war sein erfolgreichstes seit dem Zweiten Weltkrieg gewesen; zwanzig Jahre nach der Uraufführung hatte die Auflage der Buchausgabe 200 000 überschritten. In Helmut Käutners Film spielte Curt Jürgens den Harras, ein Schauspieler, aus dem man drei Udets hätte machen können.

Den wirklichen Udet will Zuckmayer 1936 gefragt haben, wie es denn mit ihm weitergehe. Der Flieger soll geantwortet haben: »Ich bin der Luftfahrt verfallen. Ich kann da nicht mehr raus. Aber eines Tages wird uns alle der Teufel holen.«

Der Teufel. Udet soll auch, so berichtet Ishoven, zu dem Flugzeugbauer Ernst Heinkel, als dieser ihn zum ersten Mal in Uniform sah, gesagt haben: »Man muß um der Fliegerei willen auch mal mit dem Teufel paktieren. Man darf sich von ihm nur nicht fressen lassen.«

Aber Udet stürzte in seine Katastrophe nicht als Opfer Hitlers. Ihm wurde auch nicht mangelnde Vorsicht bei seinen mißmutigen Reden über die Nationalsozialisten zum Verhängnis. Udet zerbrach an dem Zusammenwirken von Staat und Industrie im hektischen Produktionsprozess der Kriegsrüstung. Die Nazis gaben lediglich ihren spezifischen Akzent dazu. So, wie Hitler es praktizierte: Chaos und Konkurrenz bei den nächsten Führungsebenen, das fördert das Führerprinzip. So wollte es auch Göring in seinem gigantischen Ministerium. Udet bekam weit mehr Aufgaben zugeschoben, als er bewältigen konnte. Die Karriere von Erhard Milch verlief parallel zu der seinen, und wo Milch Selbstbewußtsein aus bürokratischer Effizienz gewann, durfte sich Udet schadlos halten mit dem berechtigten Gefühl, das die Gunstbeweise Görings, des »Eisernen«, wie er seit gemeinsamen Front-Tagen genannt wurde, zumeist ihm galten. Der Manager schien weniger wert zu sein als der Held. Aber das sah nur in der Heldenperspektive so aus.

In Milch wuchsen Konkurrenzneid und Verachtung, in Udets Arbeitsbereich wuchs die Unordnung. Mit den unrealistischen Anforderungen an die Flugzeugindustrie bei chronischem Rohstoffmangel und anderen Defiziten wußte Milch umzugehen, so daß ihn hernach keine Schuld an irgendwelchem Versagen treffen konnte. Udet nicht. Udet verkehrte mit den Herren seiner Abteilungen gern in einem burschikosen Ton. Die Herren gingen ebenso gern darauf ein. Aber sie nutzten ihn, um gute Stimmung zu haben und den Chef in der Illusion zu halten, bei ihnen laufe alles glänzend. Milch wußte, wie es in Wahrheit bei Udet lief. Und am Ende wußte Udet auch, daß Milch das wußte. Göring sagte, nachdem sich Udet das Leben genommen hatte: »Er hat das ganze Luftwaffenprogramm in ein Chaos verwandelt. Wenn er heute noch leben würde, dann würde ich mich gezwungen sehen, ihm zu sagen: ›Sie sind verantwortlich für die Zerstörung der deutschen Luftwaffe.‹«

Udet war der Sündenbock. Er war für diese Rolle geeignet wie kein zweiter. Er hatte immer von der Nähe von Militär und Industrie profitiert. Er war das sympathische Aushängeschild für eine Aufrüstung, die als begeisternde Folge technischer Innovationen daher kam. Er hatte Ideen, war findig, aber – wie er schon als Schüler gewesen war –, er blieb nie lange bei einer Sache, interessierte sich immer zu schnell für etwas Neues. Er war nicht faul, aber er war in jedem Augenblick für jede Ablenkung dankbar.

Und Udet stand zwischen den Lagern. Er war ein Mann des Showgeschäfts gewesen und hatte gelebt wie ein Krösus (ohne einer zu sein). Sein Vater besaß eine Fabrik, in die er nicht einstieg, er selbst hatte eine Fabrik mitbegründet, aus der er ausstieg, und er genoß es, wenn die Fabrikherren, mit denen er es als Auftraggeber im Namen der Luftwaffe zu tun bekam, in ihm vor allem den Kunstflieger sahen. Die Parteileute mochten ihn nicht, weil sie sein Nichtdazugehören spürten, und die hohen Wehrmachtsoffiziere mochten ihn nicht, weil er ihnen zu unkonventionell war. Und weil er ein Held des Weltkriegs war, der ihre Existenz – ob er das wollte oder nicht – zweitklassig erscheinen ließ.

Jünger hatte sich dem Haß, den er von dieser Seite wahrnahm, entzogen, als er die Reichswehr verließ. Als er zu Beginn des Zweiten Weltkriegs reaktiviert wurde, war er ein bekannter Schriftsteller und militärisch unauffällig. Er blieb den ganzen Krieg über das, wozu man ihn am Anfang gemacht hatte: Hauptmann. Da konnte sich nun jeder seinen

Teil denken, aber es provozierte niemanden. Wie Rommel Hitler seinen seinen jähen Aufstieg verdankte, so verdankte Udet seine Karriere in den 30er Jahren Göring. Als Rommel 1944 unter Druck kam, zeigte es sich, daß er in der hohen Generalität, in der er als Generalfeldmarschall zu den avanciertesten gehörte, nur wenige Freunde hatte. Als Udet 1941 unter Druck geriet, fand er niemanden, der ihm half. Noch im Nürnberg der Kriegsverbrecherprozesse hatte Keitel verächtlich von Rommels »Schießkrieg« in Afrika gesprochen. Er wird damit gemeint haben, daß es Rommel leicht gefallen sein könnte, einen sauberen Krieg zu führen auf einem Terrain, wo es nichts als Sand gab. Und General Mahnke hatte Udets »Fliegerleben« nicht gefallen. Es wird ihm aufgestoßen sein, daß es trotz seiner markigen Sprüche hier und da im Ganzen doch beispielhaft human war.

Vor allem aber störte die Männer, die gern vom Heldentod sprachen, daß sie es bei Udet und Rommel von gleich zu gleich mit Helden zu tun hatten. Helden waren dazu da, als Tote gefeiert zu werden. Richthofen war tot, da konnte man einen Kult um ihn inszenieren. Die Studenten, die man bei Langemarck frontal gegen feindliches Feuer hatte stürmen lassen, waren tot. Das waren die Helden, deren man sich mit ernsten Gesichtern rühmte. Überlebende Helden waren eine permanente Herausforderung für jene überlebenden Kriegsteilnehmer, die nicht so sehr Helden gewesen waren. Udet und Rommel wurden in den Tod getrieben. Jünger überlebte, weil er sich nicht auf die Nazis eingelassen hatte.

Zuckmayer hatte Europa verlassen. Die Nachricht vom Tod Udets erreichte ihn in Amerika. Schon 1942 dachte er daran, die Gestalt seines Freundes zum Mittelpunkt einer Tragödie zu machen. Als diese 1947 in Westdeutschland aufgeführt und auf vielen Bühnen nachgespielt wurde, kam es sogleich zu heftigen Diskussionen: Wird in der Figur des General Harras nicht das Mitläufertum heroisiert? Darf der Widerstandskämpfer – im Stück der Ingenieur Oderbruch – durch Sabotageakte das Leben seiner Landsleute gefährden? Waren die Soldaten Hitlers, auch und gerade die hohen Offiziere, mehrheitlich imponierende Kerle, die den Nazis ablehnend gegenüberstanden? 1963 zog der Autor sein Stück zurück. Es hatte der Eichmann-Prozess stattgefunden (1961), und in Frankfurt hatte der Auschwitzprozess begonnen. Zuckmayer überarbeitete seinen Text und verschärfte die Kritik, die Harras an Hitler übt. Von Udet war in dem Zusammenhang kaum noch die Rede.

Aber der Ton, den Zuckmayer mit seinem Stück getroffen hatte, war von ihm nicht in den grünen Hügeln von Vermont ersonnen worden. Sein alter Studienfreund aus Heidelberger Tagen, Henry Goverts, schrieb ihm schon im August 1946: »Ich las ›Des Teufels General‹. Es ist die beste und menschlichste Dichtung, die bisher über das Dritte Reich entstand. Ich bin begeistert. In noch stärkerem Masse bedeutet das Werk für die Nazi-Zeit das, was Dein ›Hauptmann von Köpenick‹ für das Wilhelminische Deutschland war. Die ganze deutsche Welt der letzten Jahre hast Du in diesem Drama um Udet eingefangen mit einer Sachkenntnis und einer Lebendigkeit, die jeden verblüfft.«

Verblüffend ja, unerklärlich nicht: Es war die Welt, auf die beide, Udet und Zuckmayer hingelebt hatten, seit sie sich zum ersten Mal als Soldaten des Ersten Weltkriegs bei einem Ausbildungskurs kennengelernt hatten. Zur Welt des Kaisers und zur Welt des gedemütigten Handwerkers Voigt hatte der Dichter Distanz. Zur Welt Udets und des Erfolgs, den man in seiner Generation haben konnte, hatte er, der Gleichaltrige, diese Distanz nicht. Der deklassierte Schuster Voigt und der stürmisch beförderte Flieger Udet erleben die Wirkung des Militärischen in seiner deutschen Ausprägung in einer Weise, die gegensätzlicher nicht sein könnte. Voigt wird Sprache, Sprechweise und Haltung des Soldaten im Zuchthaus aufgepresst, es bleibt bei ihm äußerlich. Erziehung im militärischen Sinne erreicht ihn nicht. In seinem Urteil über die Dinge bleibt er Zivilist. Deshalb kann er auch zum Schluß des Stücks in helles Gelächter ausbrechen, als er sich zum ersten Mal mit seiner alten, schäbigen Hauptmannsuniform im Spiegel sieht. Damit hat er alle, die Soldaten, den Wachtmeister, den Bürgermeister von Köpenick hereinlegen können? »Unmöglich!« lautet sein Kommentar.

Bei Udet ist es genau umgekehrt. Und was davon in die Gestalt des General Harras geraten ist – »... ein Nazi bin ich nie gewesen ... Immer nur Flieger ...« – gibt der Figur ihre imponierende Kraft. Das Militär hatte aus Udet weder nach Form noch nach Redekomment einen perfekten Soldaten gemacht. In jungen Jahren war er bestraft worden, weil er zum Uniformrock eine Hose nach eigenem Gusto getragen hatte. Als Generaloberst mußte er auf Görings Drängen die Räuberhöhle in der Pommerschen Straße aufgeben und standesgemäß eine Villa im Grunewald mieten. Er fühlte sich dort unglücklich. Aber er konnte nicht ausbrechen: die Erziehung, die ihm der Krieg, das Fronterlebnis, die Freunde in Kampfjacken mitgegeben hatten, konnte er nicht abschütteln. Voigt war, als er wollte, äußerlich angepaßt, innerlich aber frei. Udet erschien immer äußerlich unangepaßt, war aber, wenn es darauf ankam, innerlich unfrei. Die einmal empfangene Erziehung hielt ihn fest in den Reihen der Leute, deren Umtrieben er in mancherlei Hinsicht entwachsen war. Seine ungewöhnliche Begabung hatte ihn bei ihnen zum Helden gemacht, Verbundenheit und Entfremdung zugleich war der Lohn, den er für sein Heldenleben zahlen mußte. Erfolge halfen ihm über die Bitterkeit dieser Erfahrung, die er keineswegs verdrängte, solange hinweg, wie er sie in ununterbrochenem Rausch feiern konnte. Als die Erfolge ausblieben, war nicht nur der Held am Ende, sondern auch der Mann, der des Heldentheaters nicht bedurft hätte, um bei seinen Freunden Zuneigung und Respekt zu genießen.

Am 17. November 1941 erschoß sich Udet nach einsam durchzechter Nacht im Schlafzimmer seiner Villa. »Eiserner, du hast mich verlassen«, hatte er noch mit roter Signierkreide an die Stirnwand des Bettes geschrieben. Der Vorwurf gegen Göring hatte einen verzweifelten Ausdruck gefunden im Stil der rauflustigen Jugend, die in einer anderen Zeit ihre Helden gesucht hatte. Die Trostlosigkeit, in der sich Udet befand, ebnet am Ende die Unterschiede ein.

Epilog

Wer in Marburg an der Lahn die Elisabethkirche betritt, kann bei einiger Mühe in einem Winkel im Halbdunkel eine Begräbnisstätte entdecken. Hier liegen die sterblichen Überreste des Generalfeldmarschalls und Reichspräsidenten Hindenburg und seiner Frau. Gegen Ende des Zweiten Weltkriegs wurden sie aus dem Tannenberg-Denkmal in Ostpreußen geholt und an dieser Stelle beigesetzt. Auf mehreren Ständen in der Elisabethkirche werden zahlreiche Ansichtskarten mit Motiven des Gotteshauses angeboten. Ein Bild mit dem Hindenburg-Grab sucht man vergebens. Der Verkäufer, wenn man ihn fragt, bückt sich hinter seinem Tresen und holt eine schlichte Fotografie dieses unauffällig gehaltenen Winkels hervor. Es ist etwa so, als rücke er auf Verlangen pornographisches Material heraus.

Wie konnte für die letzte Ruhestätte Hindenburgs eine evangelische Kirche in einer wie wenige andere sonst den Protestantismus verkörpernden Universitätsstadt gewählt werden? Die Erklärung dafür könnte sein: Das Asyl, das dem Toten und seiner Frau gewährt wurde, galt dem Retter Ostpreußens 1914 und nicht so sehr dem Reichspräsidenten von 1925 bis 1934. Ostpreußen, einst Eigentum des Deutschen Ordens, war von dem letzten Hochmeister Albrecht von Brandenburgs säkularisiert worden, was zuvörderst hieß: Preußen wurde Herzogtum, er selber Herzog, und das Land gehörte nun ihm und seiner Familie. Luther hatte seinen Segen dazu gegeben. So kam der Name Preußen zu Brandenburg und der Glaube der Brandenburger nach Ostpreußen.

Für den preußischen König Wilhelm I. zog der am 2. Oktober 1847 im westpreußischen Posen als Sohn eines Offiziers geborene Paul von Beneckendorff und von Hindenburg als achtzehn Jahre alter Gardeleutnant in den Krieg von 1866. Bei Königgrätz erstürmt er mit einem Zug Schützen die Stellung einer österreichischen Batterie, eine Kartätschenkugel durchschlägt seinen Helm, er bricht zusammen, kommt aber wieder auf die Beine und kämpft weiter. Er wird mit dem Roten Adlerorden mit Schwertern ausgezeichnet. Vier Jahre später gehört er im Spiegelsaal von Versailles zu jenen, die ihrem siegreichen Kriegsherrn König Wilhelm I. zujubelten, als der – eher mürrisch als begeistert – sich von seinem Kanzler Bismarck zum Kaiser ausrufen läßt. Zuvor hatte Hindenburg als Bataillonsadjutant in der Hölle der Schlacht von St. Privat durch persönliche Erkundung in der Flanke des Gegners die Chance einer Umfassung seiner Stellung aufgetan. Dafür erhält er das Eiserne Kreuz.

Der Enkel des ersten Hohenzollern-Kaisers sollte auch der letzte sein, Hindenburg war, als der Ersten Weltkrieg zuende ging mit seiner Position an der Spitze der Obersten Heeresleitung fast schon an seine Stelle gerückt. Als Wilhelm II. im November 1918 Deutschland verließ, bedeutete dies auch das Ende der preußischen Königtums nach etwas mehr als zweihundert Jahren. Ostpreußen immerhin, das protestantische Bollwerk im Osten zwischen Polen und Rußland blieb beim Reich. Das war Hindenburg zu danken, denn seine Siege im Osten waren der Anfang gewesen vom Ende der Zarenherrschaft und hatten den Weg zum Frieden von Brest-Litowsk gewiesen. Nach Ostpreußen, auf sein Familiengut Neudeck sollte sich der zuletzt doch geschlagene Feldherr zurückziehen. Hier starb er im August 1934.

Zwanzig Jahre zuvor, im Sommer 1914 hatte er als Pensionär in Hannover gelebt. Zuletzt Kommandierender General des IV. Korps in Magedburg war er 1911 von seinem Posten zurückgetreten, »um für Jüngere Platz zu machen« , wie er den Schritt begründete. Doch als das Große Hauptquartier des Kaisers bei ihm anfragte, ob er in der Lage sei, die Führung der zur Verteidigung von Ostpreußen bestimmten Achten Armee zu übernehmen, die aus den ersten Grenzkämpfen zwar siegreich aber auch arg zerzaust hervorgegangen war und deren Kommandeur wenig Moral zeigte, da telegraphierte Hindenburg an seinen obersten Kriegsherrn Wilhelm II.: »Bin bereit.«

In den zwanzig Jahren nach der Rückkehr aus dem Ruhestand war es Hindenburg aufgegeben, drei Mal mittelbar aber verantwortlich Entscheidungen zu treffen oder zu veranlassen, die weltgeschichtliche Dimension hatten und weit über das hinaus Wirkung taten, was ein Einzelner verantworten kann. Die riskante Vernichtungsschlacht gegen eine stärkere russische Armee im Sommer 1914 war ein Triumph der preußisch-deutschen Militärmaschinerie. Was in den Tagen – vom 26. bis zum 30. August – in der Schlacht geschah, folgte fast nirgendwo konsequent dem Willen eines einzelnen; Infrastruktur auf allen Ebenen, Drill und Erziehung brachten den Sieg. Freilich, wie Hindenburg selbst einmal sarkastisch bemerkte: wäre die Schlacht verloren gegangen, was jederzeit möglich war, hätte der Schuldige festgestanden: Hindenburg. Der Sieg in der Tannenberg-Schlacht war nicht kriegsentscheidend. Aber der Mythos, der um diesen Sieg entstand,

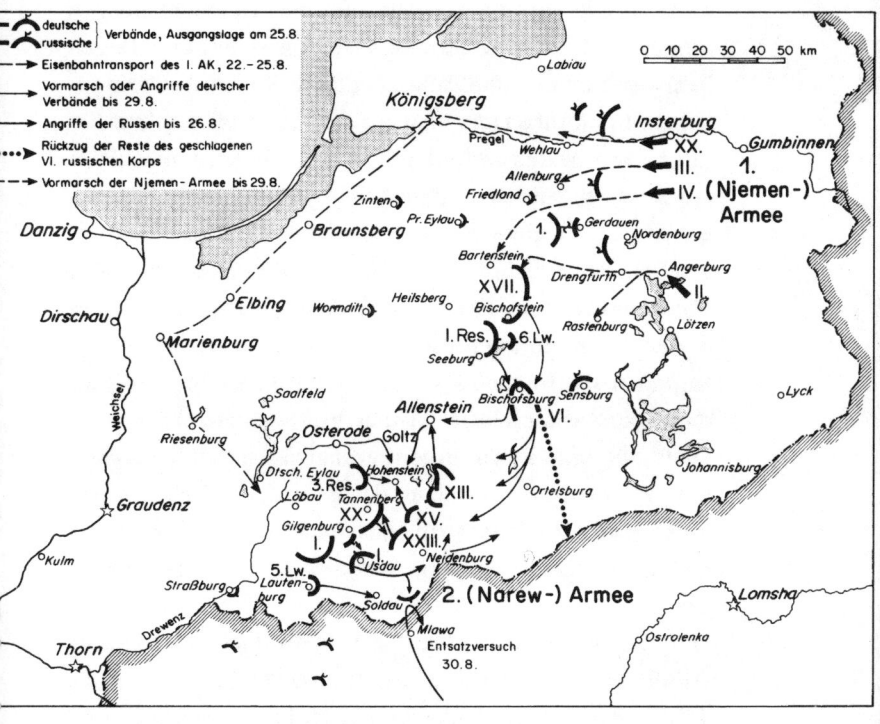

Die Schlacht bei Tannenberg 1914

hat die deutsche Politik in den folgenden dreißig Jahren verhängnisvoll belastet.

Im April 1917 saßen zwei Offiziere der Obersten Heeresleitung – deren Chef Hindenburg war – in jenem Eisen-
bahnzug, der aus der Schweiz kam und Deutschland von
Singen nach Saßnitz durchquerte, um seinem wichtigen
Fahrgast die Reise über Schweden nach Rußland zu ermöglichen. In plombiertem Wagen reiste hier der Revolutionär
Lenin, von dessen Aktivitäten sich die deutschen Militärs
ein rasches Ende des Krieges im Osten erhofften. Damit
behielten sie recht. Aber sie leisteten damit auch einer der
großen Katastrophen des 20. Jahrhunderts Vorschub, der
Kommunistischen Diktatur in Rußland und der Herrschaft
der Sowjetunion über Osteuropa für Jahrzehnte. Daß dies
kaum jemals Hindenburg zum Vorwurf gemacht wurde, lag
daran, daß die meisten Gegner des Feldmarschalls nach
1919 glühende Bewunderer Lenins waren. So verschwieg
man Hindenburgs Anteil an dessen Aufstieg lieber. Allerdings dürfte der Siebzigjährige damals auch kaum gewußt
haben, wer Lenin war und was er mit ihm auf den Weg
brachte.

Die dritte weltgeschichtlich bedeutsame Entscheidung
Hindenburgs war, daß er als Reichspräsident (seit 1925,
wiedergewählt 1932) Hitler zum Reichskanzler ernannte und
bereit war, mit ihm das Schauspiel eines politischen Neuan-
fangs für das Land in der Potsdamer Garnisonskirche aufzu-
führen. Hier, am 11. März 1933, zwei Tage, bevor Hitler vom
Deutschen Reichstag das Ermächtigungsgesetz forderte, am
»Tag von Potsdam«, wie es bald feierlich hieß, spendete der
Tannenberg-Sieger dem politischen Demagogen, den er noch
kurz zuvor als »böhmischen Gefreiten« abgetan hatte, die

Weihen historischer Legitimität, mit denen dieser Teile des Bürgertums und die Reichswehr vollends für sich gewinnen konnte. Hindenburg war damals 84 Jahre alt. Bei der Präsidentenwahl 1932 hatten sich auch die Sozialdemokraten für ihn ausgesprochen. Wäre er am Ende dieses Jahres gestorben, man verstünde besser, weshalb in Deutschland bis heute unzählige Straßen, Brücken, Plätze und Ausflugsziele nach ihm benannt sind.

Es kann kaum zweifelhaft sein, daß Hindenburg nur dadurch in die Lage kam, an der Auslösung der zwei großen Katastrophen des Zwanzigsten Jahrhunderts mitzuwirken, weil er als der Sieger in der Tannenberg-Schlacht sich ein gewaltiges Ansehen erworben hatte. Der Kult, der hernach um seinen Namen getrieben wurde, überstieg jedes bis dahin vorstellbare Maß. Hindenburg wurde Chef des Generalstabes des Feldheeres im kaiserlichen Deutschland und Staatsoberhaupt der Weimarer Republik. Keinem Lebenden haben so viele Deutsche über so lange Zeit eine solche Verehrung entgegengebracht wie Hindenburg. Er galt ihnen als der größte Kriegsheld überhaupt. Es ist deshalb notwendig, der Tannenberg-Schlacht auch hier einige Aufmerksamkeit zu widmen. Der Kriegshistoriker Hans Delbrück deutet 1925 Einwände gegen die seinerzeit allgemeine Auffassung an, Hindenburg »habe sich schon im Krieg als großer Mann gezeigt. Unter denen, die die Dinge näher kennen, gibt es darüber verschiedene Ansichten.« In weiten Teilen der Bevölkerung wird allerdings für die Bedeutung, die Tannenberg beigemessen wurde, ausschlaggebend gewesen sein, daß hier eine Invasion der Russen abgewehrt wurde und daß dies in dem exponiertesten Kernland des deutschen Protestantismus geschah. Aber es kam noch etwas hinzu.

Der Sieg bei Tannenberg glich dem in einer klassischen Vernichtungsschlacht und er wurde von einer zahlenmäßig unterlegenen Truppe errungen. So hatte es Hannibal bei Cannae gemacht, und das war seither das nicht oft angestrebte und noch seltener erreichte Vorbild. Die Einkreisung der Österreicher 1866 bei Königgrätz war Helmuth von Moltke, dem preußischen Generalstabschef mißlungen, weil er nicht genug Autorität gegenüber den kommandierenden Generalen in der Schlacht gehabt hatte. Die Einkreisung der Franzosen bei Metz und Sedan 1870 war mit überlegenen Kräften zustandegebracht und zum Erfolg geführt worden. Bei Tannenberg aber war die Zweite Armee der Russen, die Narew-Armee unter General Samsonow, die stärkere gewesen. Von ihr war der größte Teil eingekreist und vernichtet worden, ein kleiner Teil hatte fliehen und dem Untergang entkommen können, war aber so bald nicht mehr zu gebrauchen. Derweil hatte die Erste russische Armee, die Njemen-Armee unter General Rennenkampf, im Norden Ostpreußens gestanden, sich aber über Tage hinweg kaum weiter vorgewagt, sei es, weil sie von den Grenzschlachten der ersten Kriegstage immer noch erschöpft war, sei es, weil sie, wenn sie nach Süden schwenkte, um Samsonow zur Hilfe zu kommen, einen Angriff von der Festung Königsberg in ihre Flanke befürchtete – dort gab es aber fast keine Soldaten mehr –, sei es, weil die einzige deutsche Kavallerie-Division vor ihren Linien den Eindruck erweckte, hier stünden verteidigungsbereite und genügend starke deutsche Truppen, sei es schließlich – und auch das wurde behauptet –, daß Rennenkampf aus alter Rivalität zu Samsonow nicht eingriff und diesen seinem Schicksal überließ. Samsonow beging, als seine Niederlage offensichtlich war, in den Wäldern Masurens Selbstmord.

Das deutsche Militär, das den Krieg seit langem erwartet und mehrfach gedrängt hatte, ihn bei günstiger Gelegenheit vom Zaun zu brechen, war für den Ernstfall von folgenden Voraussetzungen ausgegangen:

Der Krieg würde ein Zweifrontenkrieg und gegen Rußland und Frankreich zugleich zu führen sein.

Da beide Länder mehr Soldaten ins Feld stellen könnten als das Deutsche Reich, würde man zuerst das eine besiegen müssen, um sich dann dem anderen zuzuwenden.

Da hierbei alles auf die Schnelligkeit ankam – gerade auch bei der Mobilisierung der Massenheere – könnte man es sich nicht leisten, wie etwa 1866, nach der Mobilmachung lange mit der Überschreitung der Grenzen zu warten.

Letzteres bedeutete ein politisches Handikap gegenüber den mutmaßlichen Kriegsgegnern. Die konnten sich von Schritt zu Schritt Zeit lassen, die Deutschen nicht. Zeit sparen auf dem Weg, eine Entscheidung herbeizuführen, war das erste Ziel der Militärs. »Der Anmarsch zur Schlacht beginnt, sobald die Truppen die Eisenbahn verlassen haben.«

Der das schrieb, Alfred von Schlieffen, war von 1891 bis 1905 Chef des Generalstabs. Er entwarf den Plan, zunächst Frankreich in einer großen, über weite Teile des Landes hinweg zu führenden Schlacht vernichtend zu schlagen, um sich dann den Russen entgegenzustellen, deren Aufmarsch an der deutschen Grenze, so dachte man, längere Zeit in Anspruch nehmen würde. Die Schlacht in Frankreich sollte so angelegt werden, daß vom Oberrhein bis nach Lothringen deutscher Boden nur schwach verteidigt werden sollte, wohingegen die Masse des deutschen Heeres sich im Norden zu versammeln hätte. Von dort aus sollten die starken Armeen durch Luxemburg, Belgien und Holland marschieren, dann nach Süden

schwenken, um die mit dem Angriff auf Deutschland befaß-
ten Franzosen in der Flanke und – westlich von Paris – im
Rücken zu fassen, an Ort und Stelle zu vernichten oder aber
gegen die Schweizer Berge zu drängen. Aus politischen Gründen wurde dann darauf verzichtet, die Neutralität Hollands
zu mißachten: man brauche im Reich einen friedlichen Ausgang zum Rest der Welt.

Als Schlieffen in den Ruhestand gegangen war, veröffentlichte er mehrere Studien zu seinem Plan. Sie sind später
unter dem Titel »Cannae« gesammelt und herausgegeben
worden. Hier erörterte der Stratege, der nie eine größere Einheit im Krieg geführt hatte, seinen Kriegsplan: »Die Vernichtungsschlacht«, schrieb er in dem Aufsatz, der hernach der
Sammlung der Schriften ihren Namen gab, »kann heute nach
dem selben Plane, wie ihn Hannibal in vergessenen Zeiten
erdacht hat, geschlagen werden. Die feindliche Front ist nicht
das Ziel des hauptsächlichen Angriffs. Nicht gegen sie brauchen die Massen versammelt, die Reserven aufgestellt werden, das Wesentliche ist, die Flanken einzudrücken.« Dabei
kann man sich auch, wie Friedrich der Große es bei Leuthen
vorgemacht hatte, auf eine Flanke beschränken und nach
dem Sieg dort die Front des Gegners aufrollen.

Schlieffen, 1833 in Berlin geboren, entstammte einer sehr
alten pommerschen Familie. Nach fünfjähriger Erziehung
auf einem Institut der Herrenhuther Brüdergemeinde besuchte er von 1847 an in Berlin das Joachimsthaler Gymnasium. Die Fächer, in denen er etwas leistete, waren Geschichte, Geographie, Französisch und Religion. Das Abitur
bestand er 1853. Er schwankte zwischen einem Studium und
der Laufbahn eines Berufssoldaten, entschied sich aber dann
für letztere. Den Preußisch-Österreichischen Krieg machte er

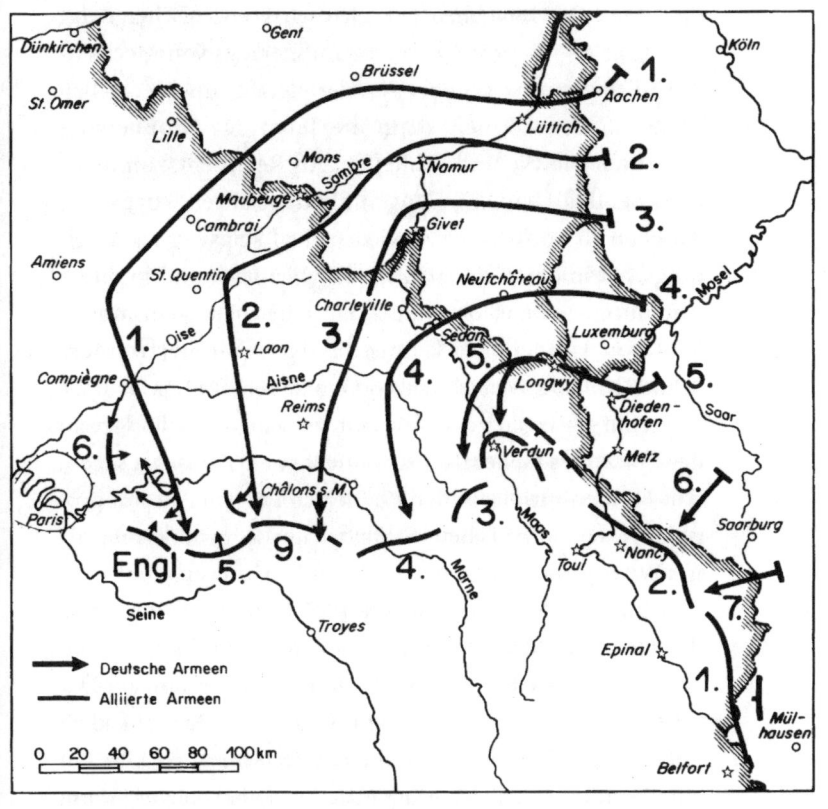

Der deutsche Vormarsch im Westen 1914 bis zur Marne-Schlacht

schon als Generalstabsoffizier mit, als Hauptmann im Generalstab wurde er im Oktober 1866 nach Frankreich kommandiert, wo er bis 1868 blieb. Den Deutsch-Französischen Krieg erlebte er als Major im Stab des Großherzogs von Mecklenburg-Schwerin, was seiner Karriere leicht unwiderruflich hätte schaden können, denn die Taten des Großherzogs erzürnten Moltke und Schlieffen. Als Regimentskommandeur bei den Ulanen in langen Friedensjahren wuchs sein Ansehen an höchster Stelle wieder. 1884 kehrte er als Abteilungschef in den Großen Generalstab zurück und in dieser Abteilung lernte er dann auch ein Jahr später den jungen Paul von Hindenburg kennen. Es ist behauptet worden, Schlieffen habe sogleich dessen Qualität erkannt, ja, er habe späterhin sogar daran gedacht, ihn zu seinem Nachfolger an der Spitze des Generalstabs zu machen. Dazu ist zu sagen, daß Hindenburg in seiner 1920 erschienenen Autobiographie »Aus meinem Leben« Schlieffen bei der Schilderung seines Werdegangs nur einmal und eher beiläufig erwähnt.

Schlieffens Nachfolger wurde 1905 Helmuth von Moltke, der Neffe des legendären Siegers von Sedan. Es war wohl einer sentimentalen Regung des Kaisers zu verdanken. Der jüngere Moltke – wie er genannt wird – war nicht glücklich über seine Beförderung. Er sei nicht der Mann, der alles auf eine Karte setzt, schrieb er einmal. Genau ein solcher Mann wurde aber gebraucht, wenn der Schlieffenplan gelingen sollte. Für den Schlieffenplan war eine Persönlichkeit erforderlich, deren größter Vorzug darin bestand, daß sie bereit war, eine ungeheure Verantwortung auf sich zu nehmen.

Diese Persönlichkeit war der jüngere Moltke nicht. Er traute sich nicht, die süddeutschen Länder nur schwach gedeckt zu lassen. Die Franzosen, hatte Schlieffen prophezeit, werden von dort weg und nach Norden laufen, wenn sie merken, daß es dort ums Ganze geht. Moltke glaubte ihm nicht. Hatte Schlieffen für die Verteilung der Kräfte rechts und links von der Angriffsmitte ein Verhältnis von 7 zu 1 vorgesehen, hatte sie der jüngere Moltke auf 3 zu 1 gebracht. Macht mir den rechten Flügel stark, hatte Schlieffen bis zu seinem Tode gemahnt. Moltke hoffte, er sei auch so stark genug.

Überraschenderweise schien sich das in den ersten Wochen des Krieges als richtig herauszustellen. Seeckt, der spätere Schöpfer der Reichswehr, im August 1914 Chef des Stabes des Dritten Korps in der Ersten, am äußersten rechten Flügel vorstoßenden Armee, hat denn auch die Kritik an der Veränderung des Schlieffenplans stets scharf zurückgewiesen. Die deutschen Armeen stürmten im Westen vor, wie sie wollten und sogar noch im Süden mehr, als sie sollten. Für eine Umfassung des linken französischen Flügels, der bemerkenswert schnell durch britische Truppen verstärkt worden war, reichte es allerdings nicht. Die Erste Armee würde östlich an Paris, dessen Vororte man schon in Sichtweite hatte, vorbeistoßen müssen, wenn sie die Fühlung zur Zweiten Armee nicht verlieren wollte. Ohnehin schon war die Lücke zwischen Erster und Zweiter Armee bedenklich groß geworden. Die Franzosen warfen alle Truppen, die sie noch in Bewegung setzen konnten, dorthin. Mit Taxen und Privat-Pkws wurden die Poilus zur Front gebracht.

Nun kam es zu etlichen Führungsfehlern auf oberster Ebene bei den Deutschen. Der jüngere Moltke saß mit seinem Hauptquartier viel zu weit von der Front, von den Hauptpunkten des Geschehens entfernt, erst in Koblenz, dann in Luxemburg. Er zog zwei Korps ab und schickte sie nach Ostpreußen, wo sie eintrafen, als die Tannenberg-

Schlacht schon geschlagen war. Und er hatte den Kommandeur der Ersten Armee dem der Zweiten unterstellt, was den einen hemmte und den anderen mit Sorgen belastete, deren Berechtigung er nicht aus eigenem Erleben einschätzen konnte. Schließlich schien sich folgendes Bild zu ergeben: die Erste Armee droht durch einen Keil alliierter Truppen von der Zweiten Armee abgedrängt zu werden und lief Gefahr, eine Schlacht zu verlieren, da die Truppen von dem Vormarsch erschöpft und bei den langen rückwärtigen Verbindungswegen auch nicht sofort angemessen zu versorgen waren. Der Zweiten Armee konnte in der Folge Gefahr an ihrem rechten Flügel drohen. Da auch hier die eigenen Kräfte schon überstrapaziert waren, erschien selbst die Umfassung durch den Gegner möglich. Daher entschloß man sich zum Rückzug. Die Franzosen bezeichnen dieses Ereignis als das »Wunder an der Marne«. Und sie haben Grund, das zu tun.

Die Deutschen gaben innerhalb von wenigen Stunden einen Kriegsplan auf, den sie jahrzehntelang als Grundlage ihrer Militärstrategie favorisiert, gehegt und entwickelt hatten. Sie hatten ihre Außenpolitik den Erfordernissen des Schlieffenplans untergeordnet, sie hatten eine Gefährdung Ostpreußens in Kauf genommen, sie hatten den komplizierten und – einmal befohlen – kaum noch aufzuhaltenden Aufmarsch eines Millionenheeres darauf angelegt, daß geschähe, was Schlieffen vorschwebte: ein Sieg über Frankreich in kürzester Zeit. Der wäre an der Marne auch möglich gewesen, aber eben nur möglich, nicht sicher.

An der Marne hätten die Deutschen einen Feldherrn gebraucht, der imstande gewesen wäre, eine ultimative Entscheidung zu treffen. Die Schlacht, so mußte eine düstere Prognose aussehen, konnte verloren gehen mit der Folge, daß

Deutschland gezwungen war, den Krieg so rasch wie möglich zu beenden – und sei es mit einer Niederlage. Die Schlacht konnte aber auch gewonnen werden mit der Folge, daß nun eine Umfassung des linken französischen Flügels, vielleicht auch der Einmarsch in Paris möglich war. Der Krieg wäre damit nicht zuende gewesen. Aber ein siegreiches Ende hätte damit immer noch im Bereich des Möglichen gelegen – und zwar in relativ kurzer Zeit. Auf einen langen Krieg war das Deutsche Reich nicht vorbereitet. Er hätte auch allem widersprochen, worauf sich deutsche Militärs hatten einlassen wollen.

Aber die Verantwortung für eine Niederlage, die ein rasches, unvorteilhaftes Kriegsende würde bedeutet haben können, wollte niemand übernehmen. Darum, und weil man auch durch die Leichtigkeit des Vormarschs bisher eine völlig neue Auffassung von der Überlegenheit der eigenen Truppen gewonnen hatte, mied man das große Risiko und hoffte auf ein Durchkommen im Feld nach dem Abschied von der Idee des Schlieffenplans. Das war eine verhängnisvolle Fehleinschätzung. Man hätte alles auf eine Karte setzen müssen. Das nicht zu wollen, sich dagegen zu stäuben, mag noch für eine Tugend gelten. Aber man hatte geglaubt, die Wahl zu haben. Das war der Irrtum.

Ein Irrtum war es schon gewesen zu glauben, die Russen brauchten lange Zeit, um vor den Grenzen Ostpreußens zu erscheinen. Doch auch der Zar hatte Eisenbahnen bauen lassen. Indes, die Russen hatten ein Problem: sie konnten oder mußten an zwei eher schmalen Stellen in Feindesland einmarschieren. Sie konnten das im Norden versuchen, auf einer ost-westlichen Linie, die nach Königsberg führte. Und sie konnten von Süden, von Polen, her versuchen, nördlich nach Königsberg zu stoßen oder nordwestlich zur Weichsel, um der deutschen Achten Armee den Rückzug bei Preisgabe Ostpreußens abzuschneiden. Sie hatten zwei Armeen zur Verfügung, die beide stärker waren, als die eine der Deutschen. Sie setzten sie an beiden Stellen ein, im Nordosten und im Süden. Vereinigen konnten sich die Armeen so rasch nicht, weil eine lang gestreckte, unweit der Ostgrenze in Nord-Südrichtung verlaufende Seenplatte von Angerburg bis Johannisburg eine kaum überwindbare Natursperre bildete, die zudem sorgsam bewacht wurde.

Als Hindenburg und Ludendorff nach der ersten unentschieden abgebrochenen und wenig ermutigenden Grenzschlacht das Kommando über die Achte Armee übernahmen, hatte man dort schon in Grundzügen die Vorbereitung neuer Taten aufgenommen. Jetzt war nicht mehr – wie wohl zunächst – von einem Rückzug hinter die Weichsel die Rede, dazu war die von Süden heranrückende Armee der Russen schon zu nahe, man wollte nun diese angreifen und zwar an ihrem linken, also der Weichsel zugewandten Flügel. Um das zu können, mußte das I. Armeekorps von der Nordostfront quer durch Ostpreußen fast bis zur Südgrenze geschafft werden. Das war möglich aufgrund des Vorteils der inneren Linie, die es dem Verteidiger erlaubt, auf kürzeren Wegen als der Angreifer Truppen vom einen Ende der Front zum anderen zu schaffen. Und das war möglich, weil es ein auch zu solchem Behufe weitsichtig ausgebautes Eisenbahnsystem für derartige Truppenverschiebungen gab.

Einen Plan entwerfen, ist das eine. Ihn auszuführen ist das andere. Die Tannenberg-Schlacht dauerte fünf Tage. Zu Beginn marschierte Samsonow mit fünf Armeekorps von Mlawa aus in nordwestliche Richtung. Gegen ihn stand allein das verstärkte XX. Armeekorps des General Friedrich von Scholtz. Das I. Armeekorps wurde im großen Bogen hinter der Front zum rechten Flügel des XX. Korps gebracht, die Dritte Reservedivision auf näherem Weg zur Unterstützung des XX. Korps an dessen linken Flügel herangeführt. Als Samsonow versuchte, die deutsche Verteidigungslinie bei Allenstein nordöstlich zu umfassen, mußten sich seine Truppen hier gegen das Erste Reservekorps zur Wehr setzen, das dazu nur einen kurzen Weg nach Süden hatte zurücklegen müssen. Damit drohten die Russen ihrerseits umfaßt zu werden, aber Samsonow blieb bei der Konzentration seiner Marschrichtung nordwestlich. Er wußte ja, daß Rennenkampf im Norden fast schon hinter dem Rücken der Deutschen stand, die dort umso schwächer werden mußten, je stärker sie ihm gegenüber auftraten.

In seiner Studie »Operative Entschlüsse gegen einen an Zahl überlegenen Gegner« schreibt Friedrich von Rabenau, der spätere Chef der Heeresarchive, der in diesen Augusttagen des Jahres 1914 in den Reihen des XX. Korps stand, über Hindenburg: »Es hat in der ganzen Kriegsgeschichte tatsächlich keinen zweiten Feldherrn gegeben, der mit einer Rückenbedrohung durch eine ganze Armee auf nur 30 Kilometer Entfernung, also von einem Tagesmarsch, durch eine Armee, der so gut wie nichts gegenüberstand, eine Vernichtungsschlacht bis zum Ende durchgeführt hat. Tannenberg ist in dieser Führungskunst, geboren aus der Not des Schwächeren, etwas Einmaliges und wohl Unnachahmliches.«

Rabenau nennt neben solcher Nervenstärke noch zwei weitere Entscheidungen, die mögen sie auch, wie viel spekuliert wurde, von den genialen Offiziere des Stabes, General Ludendorff oder den Oberstleutnant Hoffmann, ersonnen worden sein, nur mit Hilfe ungewöhnlicher Gelassenheit und Willensstärke zum Erfolg führen konnten. An diesen Entscheidungen mußte fünf lange Tage hindurch festgehalten werden, obgleich über die ganze Armee, die einzige des Reichs, die im Osten stand, an jedem dieser Tage die größte Katastrophe hereinbrechen konnte, die Vernichtung durch einen überlegenen Gegner, der sie in die Zange nahm. Die eine dieser beiden Entscheidungen galt dem I. Korps. Dieses sollte etwa längs der ostpreußischen Südgrenze in die russische Flanke stoßen und sie umfassen. Aber Samsonows Truppen waren hier so zahlreich, daß die Kräfte des I. Korps für eine Umfassungsbewegung nach Süden nicht ausreichten. So entschloß sich die Armeeführung, lediglich die in Ostpreußen eingedrungenen Teil der Armee Samsonows zu umfassen, andere Verbände aber vermittels eines Durchbruchs abzusplittern und sich selbst zu überlassen. Das gelang, aber um den Kommandeur des I. Korps, der zunächst noch auf das vollzählige Eintreffen seiner Artillerie wartete, zu dem notwendigen Frontalangriff auf die Russen zu bewegen, mußte Hindenburg seine ganze Autorität aufbieten.

Auf dem anderen Flügel von Samsonows Vormarsch aber trat jetzt neben dem I. Reservekorps auch das letzte, das XVII. Korps der Achten Armee, ebenfalls von Norden nach Süden gestoßen, in die Schlacht ein, auch dies eine Entscheidung, deren Kühnheit schiere Not zur Voraussetzung hatte. Gegen Rennenkampf im nördöstlichen Teil des Landes hätte das einzelne Korps nichts ausrichten können. Also war es besser, es zum Kampf gegen Samsonow mit heranzuziehen. So weit der Not gehorchend. Dem eigenen Triebe aber entsprang nun der Gedanke, das XVII. nicht zur Verstärkung des Reservekorps in die Front gegen die Russen zu stellen, sondern es in den Rücken des Feindes zu schicken. Rabenau, Verfasser einer zweibändigen Seeckt-Biographie, 1945 in Flossenbürg im Zuge der Verfolgungen nach dem 20. Juli 1944 hingerichtet, bemerkt dazu: »Es ist vielleicht psychologisch, ich möchte sagen, der eleganteste Zug der Schlacht.« Jetzt war der größere Teil der Armee Samsonows eingekesselt. In Gefangenschaft gerieten 92 000 russische Soldaten, 50 000 waren gefallen. Die Verluste der Deutschen beliefen sich auf 5000 tote und 7000 verwundete Soldaten.

In seinem Aufsatz über Cannae hatte Schlieffen geschrieben: »Vollendet wird die Vernichtungsschlacht durch einen Angriff gegen den Rücken des Feindes.« Genau dazu hatte das Oberkommando der Achten Armee in den letzten Augusttagen des Jahres 1914 den Mut gehabt. Mehr als Mut hatte allerdings dazu gehört, dem XX. Korps zuzutrauen, daß der durch seine Truppen gebildete Sperriegel im Zentrum die Angriffe überlegener russischer Kräfte würde abwehren können. Da hing der Erfolg weniger an taktischer und operativer Kunst als vielmehr am Charakter der Soldaten und Offiziere. Hindenburg wußte das. Friedrich von Scholtz hat erzählt, als er nach der Schlacht dem Armeeführer seine Bewunderung aussprach, da habe dieser ihm auf die Schultern geklopft und gesagt: »Scholtzchen, Sie wissen, wie's zugegangen ist. Wir können wohl Direktiven geben, müssen dann aber die Sache gehen lassen und auf unsere braven Truppen vertrauen. Kein Herr Schiedsrichter hat den Verlauf gestört, ein Höherer hat gelenkt. Wissen Sie, wenn das im Manöver gewesen wäre – den nächsten Tag schon hätten wir den blauen Brief bekommen.«

Das klingt sehr ähnlich dem Kommentar des Admiral Hipper zur Skagerrak-Schlacht. Und es entspricht auf seine Weise der Einsicht des alten Moltke, daß kein Plan die erste

Feindberührung übersteht. Dennoch war nach Plänen eine Schlacht geschlagen worden. Und die Kommandeure hatten im Geist der Pläne selbständig gehandelt, mit deren Gedanken sie vertraut waren – mal mehr und mal weniger glücklich, aber doch so vertraut mit dem, was die anderen tun würden, daß die Sache funktionierte. Eben das gefiel den Deutschen über alle Maßen.

Was Hindenburg gewagt hatte, schien er nicht als Spieler gewagt zu haben sondern eher im Stil des bedächtigen Chefingenieurs, der weiß, was er seinen Motoren und Mechanikern zutrauen kann. Daß er der Armee ein hohes Wagnis zumuten mußte, gehörte zu einer Ausgangslage, die nicht er zu verantworten hatte. Das war im Begleitprogramm des Schlieffenplans so angelegt und hatte durch die Zaghaftigkeit seines Vorgängers eine Verschärfung erfahren. Jetzt mußte er die Schlacht wagen, wenn nicht, stand der Weg nach Berlin den Russen offen. Darum wagte er alles und er gewann. Im Westen sah man solche Zwangslage nicht, obwohl sie, was Sieg oder Niederlage im Krieg anging, objektiv genau so bestand, wenn auch einstweilen nur abstrakt erkennbar. In Ostpreußen akzeptierte man das Risiko, weil man nicht anders konnte. Im Westen wich man vor dem Risiko aus, weil man die Verantwortung scheute, ein größeres Desaster als das schon angerichtete verursacht zu haben.

Die Deutschen verehrten Hindenburg als den Mann, der, als es darauf ankam, die Verantwortung übernommen hatte. Dabei blieben sie in ihrer Verehrung. Der Krieg genügte ihnen, um von dem überzeugt zu sein, worauf sie auch im Frieden vertrauen wollten.

Hindenburg, der anders als Schlieffen wenig von der Antike hielt, war kein ungebildeter Mann. Er schätzte Schiller und von ihm vor allem den Wallenstein. Da mag eine geheime Wahlverwandtschaft zugrunde liegen. Von allen deutschen Heerführern, die von ihren Landsleuten zeitweilig als Helden bewundert wurden, ist Wallenstein Hindenburg am ähnlichsten. Friedrich der Große und Helmuth von Moltke waren Intellektuelle, Blücher und Rommel Draufgänger an der Spitze ihrer Truppen, Helden die zwei letzteren eher als die beiden ersteren. Hindenburg und Wallenstein wirken dagegen wie nüchterne Sachwalter, vor allem darauf bedacht, das Zählbare zu ordnen und zu mehren, das, was man für den Sieg braucht. Diese beiden sind als einzelne bei ihrer Tätigkeit schwer vorstellbar. Hindenburg brauchte die Männer seines Hauptquartiers, seiner Umgebung, dann konnte seine Gestalt, wenn es die Lage erforderte, ins Riesenhafte wachsen – aber sich in unmittelbare persönliche Gefahr begeben – wie er es als junger Leutnant wiederholt getan hatte –, das brauchte er dafür nicht zu tun. Ähnlich Wallenstein. Er benötigte das, was er sich als persönliche – gerade auch ökonomische – Machtbasis schuf. Darauf gründete die Abhängigkeit der Soldaten, des Feldlagers, von ihm, das war das Zentrum seiner Macht. »Sein Lager nur erkläret sein Verbrechen«, heißt es bei Schiller. Beide, Wallenstein wie Hindenburg drängten mit dem Ansehen, das sie sich schufen, das ihnen aufgedrängt wurde, den Kaiser, dem sie dienen wollten und sollten, an den Rand. Beide verloren sie dadurch. Wallenstein sein Leben, Hindenburg die Chance, sein Leben als Kriegsheld und nur als solcher zu beenden.

Helden und Heldentum als Größen des Krieges sind zeitabhängig geworden. Die Welt, in der die Vorbilder lebten, war vorgeschichtlich, somit waren die Bedingungen ihrer Größe unveränderlich. In geschichtlichen Zeiten gibt es keine

Unveränderlichkeit. Jedes Ereignis kann immer neuen Bewertungen unterzogen werden. Jeder Held in geschichtlicher Zeit ist letztlich nur Teil dessen, was sich ereignet, sofern er nicht im Wirbel des Geschehens zum Zeugnis jener Menschlichkeit wird, von der zu hoffen ist, daß sie ebenso ungeschichtlich ist, wie die Hoffung darauf selbst. Etwas anders verhält es sich mit den Voraussetzungen, erforderlichenfalls heldenhaft sein zu können.

Der Krieg ist nach Clausewitz das Gebiet der Unsicherheit und der Gefahr. Schon deshalb ist es klug, ihn zu vermeiden, wo das möglich ist. Aber es ist nicht immer möglich. Im Krieg bedeuten Unsicherheit und Gefahr zweierlei. Der Soldat muß handeln, obwohl es gefährlich und der Erfolg unsicher ist. Und: der Soldat muß handeln, weil es gefährlich und der Erfolg unsicher ist. Im einen Aspekt muß er Bedrohung aushalten, im anderen sie als Chance erkennen und nutzen können. Beides verlangt nach dem gehörigen Maß. Aushalten und nutzen können, erweist den Held im Kriege. Die Fähigkeit aber, das gehörige Maß zu finden, bildet sich im Frieden und bewährt sich zuletzt auch nur dort.

Diana Preston
»Wurden torpediert, schickt Hilfe«

Der Untergang der Lusitania 1915
Aus dem Englischen von Udo Rennert und Peter Torberg
ca. 500 Seiten mit ca. 50 Abbildungen, gebunden mit
Schutzumschlag
ISBN 3-421-05408-8

Der Anlaß für den Eintritt der Amerikaner in den Ersten Weltkrieg

Am 1. Mai 1915 – in Europa herrscht Krieg – läuft die britische Lusitania, der prächtigste Luxusliner seiner Zeit, in New York zur Überfahrt über den Atlantik aus. An Bord fast zweitausend Menschen, die von der Gefahr wissen, sie aber verdrängen. Vor der Küste Irlands nimmt ein deutsches U-Boot das Passagierschiff ins Visier ...

www.dva.de

Ernst Friedrich
Krieg dem Kriege
Mit einem Vorwort von Gerd Krumeich
264 Seiten mit zahlreichen Abbildungen, gebunden
ISBN 3-421-05840-7

Eines der zentralen Fotodokumente zum
Ersten Weltkrieg

Mit 15 Millionen Toten und mehr als 20 Millionen Verwundeten
war der Erste Weltkrieg das erste industrialisierte Morden.
Jenseits der Phrasen von »Heldentum« und »Tod fürs
Vaterland« hat Ernst Friedrich den Opfern ein Denkmal gesetzt:
»Krieg dem Kriege« zeigt das wahre Antlitz des Krieges:
Schlachtfelder, Hingerichtete, Schwerstverwundete. »Krieg
dem Kriege« ist ein im gesamten 20. Jahrhundert einzigartiges
Dokument.

www.dva.de